人大重阳
RDCY
RDCY Think Tank Series
人大重阳智库作品系列

世界古国货币漫谈

On the Currencies of Ancient Countries in the WORLD

石俊志 著

经济管理出版社
ECONOMY & MANAGEMENT PUBLISHING HOUSE

图书在版编目（CIP）数据

世界古国货币漫谈 / 石俊志著 . —北京：经济管理出版社，2020.9

ISBN 978-7-5096-7526-7

Ⅰ . ①世… Ⅱ . ①石… Ⅲ . ①货币史—研究—世界 Ⅳ . ① F821.9

中国版本图书馆 CIP 数据核字（2020）第 164584 号

组稿编辑：王光艳

责任编辑：魏晨红

特约编辑：黄希韦

责任印制：黄章平

责任校对：董杉珊

出版发行：经济管理出版社

　　　　　（北京市海淀区北蜂窝 8 号中雅大厦 A 座 11 层　100038）

网　　址：www.E-mp.com.cn

电　　话：（010）51915602

印　　刷：唐山昊达印刷有限公司

经　　销：新华书店

开　　本：880mm×1230mm / 32

印　　张：7.125

字　　数：153 千字

版　　次：2020 年 11 月第 1 版　2020 年 11 月第 1 次印刷

书　　号：ISBN 978-7-5096-7526-7

定　　价：58.00 元

前　言

世界古国包括人们常说的世界四大文明古国，却不仅限于世界四大文明古国。梁启超说："地球上古文明祖国有四：中国、印度、埃及、小亚细亚是也。"有外国学者认为，世界文明古国的界定条件是拥有城市、文字和礼仪建筑。

本书讲述的世界古国，是那些拥有对后世产生重大影响的货币的古代国家。上古时期，拥有广泛货币流通的国家，自然有着繁荣的商品交换，有着宏伟规模的城市，当然也已经有了文字。它们是两河流域和小亚细亚诸城邦、中国、古希腊诸城邦、罗马、埃及、印度、犹太、波斯和帕提亚等。

本书采用这些古国的货币经济资料，结合它们的历史，撰写成25篇短文故事，汇集成书奉献给读者。希望读者能够通过阅读这些短文故事，轻松地了解古代世界各国货币的起源、发展和演化的一般规律。

家庭和私有制的出现，推动了商品交换活动的产生和发展。商品交换的兴起，不仅促进了生产，还促进了城邦向国家的转化，并导致国家范围内度量衡的统一。国家范围内度量衡的统一，使在商品交换过程中形成的一般等价物商品具备了称量货币的性质，从而为货币的起源带来黎明前的第一缕曙光。

沿着这条路发展下去，人们从称量货币活动中获得了更多的灵感和想象空间：一般的生产工具或者生活用具被用作商品交换媒介，甚至成为被公众普遍认可的价值尺度和流通手段，在交易过程中不用称量，而按照个数进行交换，就成为原始数量货币。当这些原始数量货币被人们打制成专用的数量货币时，其原本兼备的生产或生活的实用功能便随之消失，成为纯粹的数量货币，从而完成货币起源的全过程：一般等价物商品—称量货币—原始数量货币—数量货币。

考察世界各国货币的起源，大体都经历了以上几个过程。当然，除了几个文明古国，有些古国商品交换起步较晚，货币的产生主要依靠外国的影响。但是，这些古国一般也有自己独立的度量衡制度以及称量货币。当外国数量货币冲击本国市场时，本国度量衡制度与外国货币计量标准发生接轨，从而产生出本国与外国相结合的货币形制。

黄河流域华夏民族的货币起源与两河流域苏美尔人的货币起源是人类货币起源的两个主要源头。

苏美尔人的楔形文字远早于华夏民族的甲骨文字；苏美尔人统一度量衡也远早于华夏民族统一度量衡；苏美尔人使用白银称量货币更早于华夏民族使用白银称量货币。但是，人类开始使用数量货币，苏美尔人却与华夏民族几乎在同一时间起跑线上开始，并从此带动了东西方世界各国货币的产生、发展和演变。

　　华夏民族的货币起源影响着周边国家和民族的货币起源和发展；苏美尔人的货币起源传入小亚细亚半岛，向西影响到古犹太以及地中海沿岸的古希腊各城邦，并影响到后来的罗马；向东影响到伊朗高原上的波斯，并影响到后来的帕提亚。

　　世界古国货币的发展，促进了人类生产和交换的繁荣，为近代世界经济一体化的进程奠定了原始基础。

目　录

第一辑
古西亚

一

乌尔第三王朝的白银货币

乌尔第三王朝（公元前 2113 年至公元前 2006 年）是美索不达米亚文明晚期的王朝，距离今天已经过去 4000 多年。然而，在如此遥远的古代，白银作为价值尺度和流通手段，在人民生活、生产和交换中发挥货币职能，已经被大量使用。对此，《乌尔纳姆法典》给我们提供了翔实、可靠的信息。

乌尔纳姆

人类最早的文明是美索不达米亚文明。"美索不达米亚"在希腊语中的意思是两河之间的土地，这里指的是底格里斯河与幼发拉底河之间的土地，或称之为"两河流域"（今伊拉克境内）。

公元前 4300 年至公元前 3500 年，两河流域南部出现了苏美尔人的许多城邦。公元前 2371 年，一位名叫萨尔贡的人取代基什国王的统治，建立阿卡德王国，统一了两河流域的南部。

公元前 2230 年，阿卡德王国灭亡。来自东部山区的库提人在两河流域统治了 100 多年。此后，乌鲁克人赶走了库提人，乌尔人又打败了乌鲁克人。公元前 2113 年，乌尔人统一了两河流域，建立了一个新的乌尔王朝。由于苏美尔城邦时期曾经有过乌尔第一王朝和乌尔第二王朝，所以这个新的乌尔王朝就被称为"乌尔第三王朝"。

乌尔第三王朝的缔造者乌尔纳姆（Ur-Nammu）（公元前2113 年至公元前 2096 年）南征北战，统一了整个美索不达米亚，建立起强大的中央集权王朝。为了更加有效地实行统治，乌尔纳姆颁布法典，即《乌尔纳姆法典》，如图 1-1、图 1-2。

图 1-1　圆柱封印：乌尔第三王朝的缔造者乌尔纳姆（坐）授职

《乌尔纳姆法典》用苏美尔文字（一种楔形文字）写成，保留在数十块泥板上，大部分已经损坏。目前，《乌尔纳姆法典》流传下来的只有二十多条，其中有 15 处使用白银货币，主要用于处罚、奖赏、离婚费支付等。这 15 处使用白银的法律，都有明确的货币数量，数量单位采用弥那和舍客勒。譬如：

斗殴中用棒子打伤他人手臂，处罚 1 弥那白银。

证人做伪证，处罚 15 舍客勒白银。

奴隶逃走，有人将其捕获并送还主人，主人应付捕还者2舍客勒白银。

乌尔第三王朝时期，王室经济有了很大的发展。有学者估计，乌尔第三王朝的王室土地，占全国土地面积的五分之三。从法典和私法文书看，在王室经济之外，私人经济、商品货币关系也得到很大的发展。很多私人买卖土地、奴隶和房屋的契约以泥板的形式留传下来。

图1-2 《乌尔纳姆法典》

称量货币

乌尔第三王朝使用的白银货币是称量货币。这种货币在交易或支付时，需要称其重量，确定其价值。乌尔第三王朝时期，白银货币至少有两个标准重量单位：弥那和舍客勒。溯本求源，据说在苏美尔语中，弥那（MINA）的原意是计量；舍客勒（SHEKEL）的原意是"称重"。

从古至今，商品交换方式主要有两种：一种是以物易物，另一种是使用一般等价物——货币作为商品交换的媒介。货币形态可以分为两类：一类是称量货币，另一类是非称量货币。称量货币是货币形态的初级阶段。在这种形态下，商品交换采用一种特定商品作为一般等价物充当货币职能，依靠其本身价值成为价值尺度和流通手段。

乌尔第三王朝的白银货币，属于称量货币。

非称量货币是货币形态的高级阶段，在交易或支付时，不需要称量。非称量货币由具有信用的机构——通常是政府制造发行，依靠发行者的信用和法律的支持成为价值尺度和流通手段。

当今世界上普遍流通的纸币，属于非称量货币。

在货币发展史上，先出现称量货币，后出现非称量货币。人类使用货币的过程，从少数人使用货币，发展到多数人使用货币。货币的材料，一般从贵重向低贱转变。货币本身的价值，从足值向不足值转变。

早期货币是足值称量货币，仅在富有阶层中流通使用。随着商品经济的普遍化，货币经济逐步兴起，币材的价值就越来越低贱，货币本身价值与其所代表的价值差异日益扩大，出现了不足值非称量货币。使用货币的人群也从富有阶层扩大到劳苦大众。于是，金银货币转变为铜币，铜币转变为纸币，纸币转变为无形货币——电子货币。货币本身价值的降低，使小额货币成为可能。小额货币进入千千万万广大民众的家庭，成为日常生活中的流通手段，社会上便形成了繁荣的货币经济。

同时，货币发行者在货币本身价值不断降低的过程中，获得了越来越多的造币利益。

乌尔第三王朝使用的白银货币处于货币形态的初级阶段，其价值十分昂贵，送还一个奴隶的价值只有两舍客勒白银。由此可以看出，当时的舍客勒白银，不是普通百姓在日常生活中可以随时拥有的。

🌀 重量标准

乌尔纳姆东征西杀，费尽移山心力，将乌尔第三王朝造就成美索不达米亚文明中最强盛的王朝。乌尔纳姆颁布了法典，对后世产生了深远的影响。更重要的是，乌尔纳姆生了一个比他还厉害的儿子——舒尔基（SHULGI）。

舒尔基做了 47 年国王（公元前 2095 年至公元前 2048 年），开疆扩土，扩大版图，使周围的国家纷纷归附。于是，舒尔基自称"天下四方之王"。同时，舒尔基改革历法，并规范了称量货币所必需的重量标准。

舒尔基的"弥那"重量标准，折合现代大约 500 克。舒尔基采用苏美尔人的 60 进位制，1 弥那被分为 60 舍客勒。舍客勒重量标准折合现代大约 8.33 克。舒尔基将重量标准制造成石刻砝码，颁布天下，使其流传后世，影响至今。

乌尔第三王朝的末代国王是伊比辛（公元前 2029 年至公元前 2006 年）。公元前 2006 年，埃兰人攻陷乌尔城，将伊比辛俘获并送往埃兰，乌尔第三王朝灭亡。

埃兰人返回自己的山区。此后，两河流域长期处于分裂状态。公元前 1894 年，阿摩利人的一个首领苏姆阿布姆在两河距离最近的一个小城——巴比伦建立了一个小国，史称"古巴比伦王国"。经过长期的发展演变，古巴比伦王国逐步统一了两河流域。

此时，乌尔第三王朝已经消失，舒尔基的重量标准却被传承下来。古巴比伦王国继续使用弥那和舍客勒重量标准。此外，一个更小的重量标准——乌得图（UTTETU）更加广泛地被使用。乌得图只有 1/60 舍客勒的价值。在古巴比伦王国，一个雇工每天的工资，就可以达到 6 个乌得图银子。

乌得图重量标准折合现代大约 0.14 克，并无钱币形制，而是保持碎银的状态。即便是碎银，人们依然无法将其切割成为如此细小的单位。在实践中，乌得图重量标准更可能是一种记账单位，当其数量积累至一定规模时，才被转移支付，或折算成某些实物商品实现转移支付。

北方的赫梯王国也使用弥那和舍客勒作为白银货币的重量标准。公元前 16 世纪，赫梯王国的军队攻陷巴比伦城消灭了古巴比伦王国第一王朝。

公元前 20 世纪，犹太先民从阿拉伯半岛南部（今沙特阿拉伯、也门地区），向北进入两河流域。公元前 18 世纪，犹太先民从两河流域向北进入迦南地区（今以色列地区），被当地人称为"希伯来人"（越河过来的人）。犹太人也使用弥那和舍客勒作为白银货币的重量标准。至今，以色列的货币单位仍然使用"舍客勒"（SHEKEL），中文译作"谢克尔"。公元前 6 世纪至公元前 4世纪，波斯帝国占领两河流域，也使用弥那和舍客勒重量标准。

二

埃什嫩那王国的大麦货币

很久以前，两河流域巴比伦城东北方向的迪亚拉河谷有一个王国名叫埃什嫩那，当时的国王是俾拉拉马。公元前20世纪初，俾拉拉马颁布了一部法典。目前，这部法典保存在从金特尔·哈尔马尔城出土的楔形文字的两块泥板上，序言为苏美尔文，正文为阿卡德文。如图1-3所示。根据这部法典的内容，我们知道当时埃什嫩那王国使用大麦和白银并行流通的货币制度。大麦和白银作为法定称量货币，行使价值尺度和流通手段的职能。

图1-3 《俾拉拉马法典》

大麦货币

古人在生产和交换中，自发地使用一种或者几种最通用的产品作为一般等价物，在产品交换中充当媒介，发挥价值尺度和流通手段的职能。在大约4000年前的埃什嫩那王国，这种作为一般等价物的产品，被当时的《俾拉拉马法典》规定为大麦和白银。

当时，大麦称量货币单位是古尔（GUR）、帕尔希克图（PARSIKTU）、苏图（SUTU）和卡（QU）；白银称量货币的单位是弥那（MINA）、舍客勒（SHEKEL）和色（SE）。

早在公元前2095年，两河流域的乌尔第三王朝出现了一个非常著名的国王，他自称为"神·舒尔基"（公元前2095年至公元前2048年）。舒尔基作为国王，统一了度量衡，推广以他父亲名字命名的法典——《乌尔纳姆法典》,并规范了"古尔"(GUR)这个称量大麦的容量单位,取代以前杂乱无章的容量单位。

在此之前,除了大麦之外,乌尔第三王朝也使用白银作为称量货币。在残缺不全的《乌尔纳姆法典》中,我们看到法律规定白银作为称量货币使用。在《乌尔纳姆法典》中没有发现大麦作为称量货币的规定,也许这些规定文字被遗失了。

两河流域是有文字记载人类最早使用称量货币的地区。最早的法定称量货币,为什么是在两河流域被发现,而不是在其他地区?

根据目前考古发现,人类文明起源于四处河流地区——两河流域、尼罗河流域、印度河流域和黄河流域。古人在河流两岸建立了以灌溉为特征的农耕文明。农耕给古人带来了稳定的生活条件,使其逐步产生了文字。文字的产生则使技术积累成为可能,并且也为我们了解古代提供了可靠的信息。

比较上述四个河流区域,两河流域的古人采用了最为廉价的文字工具,他们使用河水和土,制成泥巴,用树枝在泥巴上制作戳记,就创造了楔形文字。楔形文字不是贵族文字,而是平民文字。在古代两河流域,无论贫富,人们都可以用树枝在泥巴上戳记,记载人们的劳动成果、往来交易和生活琐事。经过太阳的照晒或火烧,泥巴变成硬泥板,被保留下来,成为当时的法律文书,也成为当今的出土文物、历史的可靠证据。

相比其他三处河流地区,两河流域的文字更为久远、更为大众,留下更多的关于民众生活的历史遗迹。我们并不排除在其他地区更古老的时代发生过以谷物或衣料为价值尺度和流通手段的商品交换活动。但是，截至目前，我们没有发现更古老的文字留下相关的文字记载。所以，我们只能说两河流域是有文字记载的人类最早使用称量货币的地区。

公元前 1698 年，古巴比伦王国的国王汉谟拉比颁布了法典，其中规定了大麦作为称量货币行使价值尺度和流通手段的职能，并且还规定了大麦称量货币作为借贷工具时的法定利率。如图 1-4 所示。

埃什嫩那国王俾拉拉马颁布法典的时间在公元前 20 世纪初，即舒尔基统一度量衡之后，汉谟拉比颁布法典之前。

图 1-4　刻在泥板上的《汉谟拉比法典》

大麦单位

古代两河流域的人们使用大麦作为称量货币，使用古尔作为大麦称量货币的标准单位。古尔是容量单位，也是货币单位，是 4100 年前两河流域舒尔基国王统一规范的称量货币单位。

在埃什嫩那王国的容量制度中，有四个主要单位：古尔、帕尔希克图、苏图和卡。

1 古尔等于 5 帕尔希克图；或等于 30 苏图；或等于 300 卡。

1 古尔折合现代大约 121 公升；1 帕尔希克图折合现代大约 24.2 公升；1 苏图折合现代大约 4.0 公升；1 卡折合现代大约 0.4 公升。

在埃什嫩那王国的重量制度中，有三个主要单位：弥那、舍客勒和色。

1 弥那等于 60 舍客勒；1 舍客勒等于 180 色。

1 弥那折合现代 500 克；1 舍客勒折合现代 8.33 克；1 色折合现代 0.0463 克。在苏美尔文字中，"色"的意思是麦粒。色作为重量单位，每 1 色的重量，大约是 1 粒大麦的重量，即 0.0463 克。

大麦作为称量货币，与白银称量货币并行流通，两者之间的法定比率是 1 古尔大麦折合 1 舍客勒白银。

《俾拉拉马法典》第 1 条规定：

大麦 1 古尔，合银 1 舍客勒。

《俾拉拉马法典》第 3 条规定：

有牛及御者之事，其租用之费为大麦 1 帕尔希克图 4 苏图；如以银计，则其租用之费为三分之一舍客勒；他可以用车终日。

租用牛车及车夫，使用大麦称量货币的租金价格是 1 帕尔希克图 4 苏图，即 10 苏图，或 1/3 古尔；使用白银称量货币的租金价格是 1/3 舍客勒。由此看来，1/3 古尔与 1/3 舍客勒是同等的价值，即 1 古尔等于 1 舍客勒。

《俾拉拉马法典》第 7 条规定：

刘麦者雇用之费为大麦二苏图，倘以银计，则其雇用之费为十二色。

刘麦者的工资是每天 2 苏图，即 1/15 古尔，采用白银工资，则为 12 色，即 1/15 舍客勒。在这里，1 古尔仍然等于 1 舍客勒。

借贷利息

大麦作为 4000 年前两河流域的称量货币，是民间借贷的主要工具，法律对大麦借贷的利率做出了明确的规定。

《俾拉拉马法典》第 20 条规定：

倘自由民……以供……，而借贷与之，并对之将大麦以银结价，则在收成时借者应取大麦并按每古尔计一帕尔希克图四苏图取息。

根据大麦容量单位制度，1 帕尔希克图等于 6 苏图。那么，1 帕尔希克图 4 苏图，总共便是 10 苏图，即 1/3 古尔。每借贷 1 古尔大麦，收息 1/3 古尔，利率便是 33.33%。

白银借贷的法定利率不同于大麦。《俾拉拉马法典》第 21 条规定：

倘自由民与以现银，则彼可取回银并按每舍客勒六分之一又六色取息。

根据白银重量单位制度，1 舍客勒等于 180 色。那么，1/6 舍客勒又 6 色，总共便是 36 色。借贷 1 舍客勒，即借贷 180 色，利息为 36 色，利率就是 20.00%。

大麦借贷的法定利率和白银借贷的法定利率，随着时间的流逝，两者都发生着明显的变化。

大约 200 年之后，到了公元前 1792 年，古巴比伦王国的《汉谟拉比法典》第 69 条规定：

如果一个塔木卡为收利息贷出大麦或银子，每古尔大麦他应收 64 卡利息；如果他贷出银子，每 1 舍客勒他应收 16 乌得图。

在古巴比伦王国，塔木卡是长途贩运买卖、放高利贷和代理王室收租的人。

根据大麦容量单位制度，1 古尔等于 300 卡。借贷 1 古尔应付 64 卡利息，那么，古巴比伦王国的大麦法定利率就是 21.33%。

根据白银重量单位制度，1 舍客勒等于 60 乌得图。借贷 1 舍客勒应付 16 乌得图利息，那么，古巴比伦王国的白银法定利率就是 26.67%。

埃什嫩那王国《俾拉拉马法典》规定大麦法定利率是 33.33%，古巴比伦王国《汉谟拉比法典》规定大麦法定利率是 21.33%，大麦法定利率下降了 12.00%。

埃什嫩那王国《俾拉拉马法典》规定白银法定利率是 20.00%，古巴比伦王国《汉谟拉比法典》规定白银法定利率是 26.67%，白银法定利率上升了 6.67%。

当然，尽管法律对大麦借贷的利率和白银借贷的利率做出了明确的规定，民间非法的高利贷活动依然盛行。《汉谟拉比法典》规定高利贷契约无效，法律支持借方不偿还高利贷本息。

《汉谟拉比法典》第 71 条规定：

如果塔木卡把利息提高到每古尔 64 卡大麦，或每舍客勒 16 乌得图以上而收了利息，那么他将白白丧失他贷出的一切。

三

古巴比伦王国的乌得图

位于两河流域的古巴比伦王国（公元前 1894 年至公元前 1595 年）建立后，美索不达米亚就被称为巴比伦尼亚。从美索不达米亚文明到古巴比伦文明，两河流域的货币经济有了明显的发展。

古巴比伦

底格里斯河与幼发拉底河距离最近的地方，有一个古老的城市，名叫巴比伦。公元前 1894 年，阿摩利人的一个首领苏姆阿布姆在这里建立了一个小国，史称古巴比伦王国。古巴比伦王国是一个家族世袭王国。公元前 1792 年，汉谟拉比继承他父亲辛姆巴利特的王位，做了这个王国的第六任国王。这时候，古巴比伦王国只是一个长约 60 英里，宽约 20 英里的小国。汉谟拉比采取远交近攻的策略，对邻国发动了侵略战争。经历了数十年的腥风血雨，无数百姓的死亡和流离失所，古巴比伦王国终于成为两河流域的强国。

汉谟拉比志得意满，为了更好地统治这个日益壮大的王国，他以神授的名义，将法典颁布天下，以期王朝统治永世不变。

公元 1902 年，法国考古学家在伊朗古城苏撒遗址发现了汉谟拉比颁布的法典。法典原文是用阿卡德文（一种楔形文字）写的，刻在一座黑色玄武岩石柱上。石柱的顶部刻有精美的浮雕：太阳神沙马什端坐在宝座上，将一柄象征帝王权力的权杖授予站在他面前的汉谟拉比。雕像下面是《汉谟拉比法典》全文，共 282 条，是世界上最早的一部比较系统的法典，如图 1-5 所示。

然而，《汉谟拉比法典》并没有能够使古巴比伦王国永世长存，公元前 1595 年，赫梯王国的军队攻陷巴比伦，古巴比伦王国第一王朝灭亡。此后，古巴比伦虽有一些王朝更迭，但已失去了往日的辉煌。

图 1-5　刻在黑色玄武岩石柱上的
《汉谟拉比法典》

《汉谟拉比法典》包含两河流域苏美尔法律的精华，集两河流域古代法律的大成。它既继承了《乌尔纳姆法典》和苏美尔诸法典的发展成就，又对其后的亚述法、赫梯法、波斯法、新巴比伦法以及希伯来法具有重大影响。

我们更加关注的是：《汉谟拉比法典》规定的房屋买、卖、租赁；牛、羊、奴隶价格；贷款利率；投资权利义务；婚嫁聘娶、离婚费用及对各项犯罪行为的处罚，都使用白银货币计量。其中白银货币的重量单位，从《乌尔纳姆法典》中的只有弥那和舍客勒两种，增加到弥那、舍客勒和乌得图三种。《汉谟拉比法典》片段如图1-6所示。

图1-6　玄武岩石柱上的《汉谟拉比法典》片段

小额货币

《汉谟拉比法典》中出现了一个新的、细小的重量单位——乌得图（UTTETU）。乌得图的重量只有舍客勒的1/60，弥那的1/3600。以前的《乌尔纳姆法典》中，并没有乌得图这个重量单位。这说明，古巴比伦王国已经开始使用更小的白银重量单位。换句话说，在古巴比伦王国，商品货币化程度进一步加深，白银作为价值尺度，有了更小的单位，可以计量更小价值的商品和劳务。此时，小额白银货币促进了货币经济的深化，白银货币越来越小，使并不富有的百姓获得了拥有白银货币的可能性。

古巴比伦王国采用60进位制。1个弥那等于60个舍客勒；1个舍客勒等于60个乌得图。弥那的重量折合现代大约500克；舍客勒的重量折合现代大约8.33克；乌得图的重量折合现代大约0.14克。

《汉谟拉比法典》一共有 282 个条文，使用白银货币的地方有 109 处，其中以弥那计量的地方有 16 处；以舍客勒计量的地方有 17 处；以乌得图计量的地方有 17 处；只说白银而不说计量单位的地方有 59 处。

《汉谟拉比法典》中使用乌得图计量的规定涉及三种款项：借贷利率、工资和租金。

1. 对借贷利率的规定

每一舍客勒银子，他应收十六乌得图利息。

1 舍客勒等于 60 乌得图，借 60 乌得图要支付 16 乌得图利息，所以，借贷的利率是 26.7%。

2. 对雇工每天工资的规定

如果一个人雇用一个雇工，从年初到第五个月，他应每天给 6 乌得图银子。

一个雇工，每天工资 6 乌得图，一个月就是 3 舍客勒，折合现代大约 25 克白银。中国民国初年，劳苦工人一个月的工资大约是一块银圆，俗称"袁大头"，重量大约 27 克。由此可见，古巴比伦王国的雇工工资水平与中国民国初年的雇工工资水平十分接近。

3. 对租用船只租金标准的规定

如果他租顺流而上的船，他每天的租金是三乌得图银子。

如果他租逆流的船，他应每天给其租金两个半乌得图银子。

租用逆流船只的人数较少，船主鼓励人们租用逆流的船只，所以减少租金，为的是避免自己花钱雇人将船只运往上游河段。

🐉 计价单位

乌得图是个小额白银重量单位，虽然被用于小额白银计量，却很难进行小额白银支付。

乌得图的重量折合现代只有大约 0.14 克。我们很难想象古人如何将白银切割成为如此细小的颗粒。所以，即便是碎银，人们也不可能使用乌得图白银一个个地进行交易支付，而是积累到一定数量时，才能用多个乌得图进行转移支付，或折算成为某种商品实现转移支付。

在实践中，乌得图更多地被用于充当计价单位。

在古巴比伦王国，货币金融活动十分繁荣。威廉·戈兹曼在他写的那本《千年金融史》（*Money Changes Every Thing*）中讲述了记录在古巴比伦王国泥板上的一个故事。

公元前 1796 年，杜穆兹·贾米勒和他的伙伴舒米·阿比亚从商人舒米·阿布那里借来了 500 克白银。杜穆兹·贾米勒借了 250 克白银，他承诺会在 5 年后归还 297.3 克白银。根据美索不达米亚人计算利息的方式，这相当于 3.78% 的年利率。这笔贷款的期限相对较长，达 5 年，舒米·阿布把这笔贷款转卖给几个知名商人，他们在公元前 1791 年成功收回了欠款本息。

这件事情发生在《汉谟拉比法典》颁布之前。杜穆兹·贾米勒借钱的时候，还是汉谟拉比的父亲辛姆巴利特做国王，还钱的时候，已经是汉谟拉比做国王了。杜穆兹·贾米勒借了250克白银，就是半弥那的白银。5年后，他应偿还297.3克白银，其中包括250克白银的本金和47.3克白银的利息。47.3克白银就是5舍客勒40乌得图，每年的利息是1舍客勒8乌得图。这笔贷款的利率水平只有3.78%，比《汉谟拉比法典》规定的26.7%要低很多，甚至与当今我国人民币存款利率差不多。不仅如此，古巴比伦王国还有债权转让市场。舒米·阿布将1弥那白银贷给杜穆兹·贾米勒和舒米·阿比亚两个人，转手就将债权卖给其他商人。而收购债权的商人，在贷款到期时成功地收回了贷款。

接下来，威廉·戈兹曼继续讲述杜穆兹·贾米勒使用白银货币经营产业的故事。杜穆兹·贾米勒使用借来的白银经营面包销售，并且还经营高利贷。他将借来的白银贷放给渔民和农民，收取每月20%的高利息。月息20%，年利率就是240%。

这些故事都来自古代泥板上的记录。楔形文字被刻在泥板上，留下复杂的借贷契约及印章，用阳光晒干后封存在黏土封套中，使今天的我们能够从中得到翔实、可靠的历史信息。威廉·戈兹曼说："甚至兄弟之间的买卖行为也被记录下来，几乎所有买卖行为都是以白银计价的。"

从这故事看，杜穆兹·贾米勒就像是一个黑社会老大，以经营面包销售为掩护，进行非法高利贷活动。这种活动在当时可能很普遍，所以，汉谟拉比在法典中明文规定借贷利率，以禁止非法高利贷活动。

四

《赫梯法典》中的玻鲁舍客勒

《赫梯法典》（见图1-7）是古代赫梯王国的基本法，编撰于公元前15世纪。"玻鲁舍客勒"的意思是"半舍客勒"，是赫梯王国白银称量货币的基本单位。

图1-7 《赫梯法典》片段

《赫梯法典》第1表和第2表共200个条文中，使用白银作为货币计量的地方共有167处，其中白银称量货币单位为"弥那"的地方有14处；白银称量货币单位为"玻鲁舍客勒"的地方有153处。"弥那"和"舍客勒"都是重量单位，也都是货币单位。"弥那"和"舍客勒"重量制度源于两河流域，逐步传入位于小亚细亚半岛的赫梯王国。根据两河流域"弥那"和"舍客勒"重量制度，1"弥那"折合60"舍客勒"。由此推论，1弥那应该折合120"玻鲁舍客勒"。

《赫梯法典》

公元前 19 世纪，赫梯王国在小亚细亚半岛（今土耳其地区）形成。

公元前 16 世纪后半叶，赫梯王国的国王铁列平进行改革，对内整顿纲纪，对外发动战争，国力日渐强盛。公元前 15 世纪末至公元前 13 世纪中期，是赫梯王国最强盛的时期，描述赫梯士兵的浮雕如图 1-8 所示。公元前 1285 年，赫梯王国的军队与埃及著名法老拉美西斯二世的军队大战于叙利亚卡迭石东部。从此，两个王国之间的战争又持续了 16 年。结果，赫梯王国和古埃及王国都开始衰败。公元前 1269 年，赫梯王国的国王哈吐什尔与古埃及王国的国王拉美西斯二世缔结同盟条约，结束了战争。

图 1-8　描述赫梯士兵的浮雕

目前，考古发现的赫梯王国重要文书，不仅有公元前 1269 年的埃及赫梯同盟条约，还有比较完整的《赫梯法典》。

今天保存下来的《赫梯法典》由 3 表组成，共 241 条。第 1 表《"假如某人"，太阳我父的泥板》，有 100 个条文；第 2 表《假如葡萄》，有 100 个条文；第 3 表是公元前 13 世纪对原订第 1 表的改编，有 41 个条文。所以，在这里我们只观察第 1 表和第 2 表共 200 个条文。

《赫梯法典》是一部"重民轻刑"的法典。它虽然以刑事规范开篇，整部法典也规定了杀人、伤害、盗窃、放火、破坏判决、污染水源等多种罪名，但是除了对少数性质严重的犯罪规定刑罚之外，对一般犯罪，多采用民事赔偿、补赎的方式加以处理。

从《赫梯法典》的内容可以看出，早在公元前 15 世纪，赫梯王国白银称量货币的流通就已经十分繁盛。在《赫梯法典》的第 1 表和第 2 表共 200 个条文中，使用白银称量货币"玻鲁舍客勒"的地方竟有 153 处之多，主要用于犯罪罚赎，支付劳动工资、租金，购买奴隶、牲畜、衣物、粮食、土地、油、蜜、干酪食品的法定价格等。

早在公元前 22 世纪末期，两河流域的乌尔第三王朝就出现了十分兴旺的白银称量货币流通。公元前 14 世纪末，正是在赫梯王国的这块土地上，出现了一个富庶的国家吕底亚王国。公元前 7 世纪末，吕底亚王国出现了世界上最早的人工制造非称量金属货币。这种非称量金属货币的流通，比白银称量货币流通晚了至少 1500 年。

半舍客勒

玻鲁舍客勒的意思是半舍客勒，是赫梯王国的基本货币单位。

譬如：买一件青色的毛织物的价格是 20 玻鲁舍客勒；使自由人失明或敲落他的牙齿，罚赎的数量是 20 玻鲁舍客勒；买一头耕牛的价格是 15 玻鲁舍客勒。总而言之，赫梯王国的价值尺度，采用的是"玻鲁舍客勒"货币单位，而不是"舍客勒"货币单位。

赫梯王国的白银称量货币主要有两个标准单位：弥那和玻鲁舍客勒。作为重量单位，弥那和舍客勒都源于两河流域。在苏美尔语中，弥那的意思是计算；舍客勒的意思是称重。两河流域采用 60 进位制，1 弥那等于 60 舍客勒。

早在公元前 1595 年，赫梯王国的军队攻陷巴比伦城，消灭了古巴比伦王国第一王朝。在这个时候，两河流域文明可能大量传入赫梯王国。

然而，尽管两河流域文明影响着赫梯人，赫梯人是否完全采用了两河流域的重量制度，我们还是缺乏古代文献或出土文物的证据。林志纯先生从俄文转译的《赫梯法典》文本中，使用白银称量货币的数量主要有：

1 弥那、半弥那，30 玻鲁舍客勒、20 玻鲁舍客勒、12 玻鲁舍客勒、10 玻鲁舍客勒、6 玻鲁舍客勒、5 玻鲁舍客勒、4 玻鲁舍客勒、3 玻鲁舍客勒、2 玻鲁舍客勒、1 玻鲁舍客勒、半玻鲁舍客勒。

假设《赫梯法典》中的白银货币单位"玻鲁舍客勒"是 1/120 弥那，我们对《赫梯法典》中使用白银的上述数量采用弥那单位进行排列，就可以得出整齐、顺畅的序列：

1 弥那、半弥那、1/4 弥那、1/6 弥那、1/10 弥那、1/12 弥那、1/20 弥那、1/24 弥那、1/30 弥那、1/40 弥那、1/60 弥那、1/120 弥那、

1/240 弥那。

林志纯先生说，《赫梯法典》的英译本与俄译本是不一样的，英译本将俄译本中的"玻鲁舍客勒"译为"舍客勒"。如果我们按照英译本的意思，假设《赫梯法典》中的白银货币单位"舍客勒"是 1/60 弥那，我们对《赫梯法典》中使用白银的数量采用弥那单位进行排列，得出的序列就不如上述所列的那么顺畅。

当然，仅凭这一点，我们仍不能在俄译本和英译本两者之间做出选择。完全解决这个问题，有待于我国外语学者对赫梯王国楔形文字尼西文研究的深入。

根据苏联学者的研究，在赫梯王国，"舍客勒"是两个基本货币单位"玻鲁舍客勒"的价值总和。所以，"舍客勒"相当于中国古代的重量单位"两"；而"玻鲁舍客勒"就相当于中国古代的重量单位"半两"。

中国秦代统一铜金属货币为"半两"，人称"秦半两"。"半两"是战国时期秦国、秦代及西汉初期的基本货币单位。"两"则是两个"半两"的价值总和。

古代赫梯人与古代中国人一样，在确定货币基本单位时，采用"一"的概念，而这个"一"便是 1/2 个"两"，即"半两"。

为什么东方和西方的人们都要绕这么一个大圈子，将"一"的概念描述为 1/2 个"两"呢？

在中国古代，布匹作为称量货币早于金属作为称量货币，因为中国人织布的历史早于冶炼的历史，而布匹作为称量货币的基本单位是"两"。

中国古代两丈为一端，两端为一两，或者说一两为四丈。古人说，二丈双行，故曰两。两是布匹称量货币的基本单位。于是，当布匹称量货币向金属称量货币转变时，金属称量货币的单位就承袭了布匹称量单位的名称。但是，在中国古人的概念里，"两"是两端的意思，不是"一"的概念，"半两"才是"一"的概念。所以，中国古人在制定货币制度时，采用"一"，即"半两"作为金属货币的基本单位。

赫梯人确定金属货币基本单位的时间比中国人更早。可能是出于类似的原因，赫梯人将"玻鲁舍客勒"作为金属货币的基本单位。

大麦货币

大约 3500 年前，赫梯王国称量货币被广泛使用，其中不仅有白银称量货币，还有大麦称量货币。大麦称量货币的出现，一定比白银称量货币的出现还要早上几千年。因为，在人类历史中，农耕比冶炼要早得多。

当然，此时的赫梯王国可能还用其他物品——譬如马、牛、羊、面包等作为一般等价物在商品交换中充当媒介，发挥价值尺度和流通手段职能。但是，从法律的角度看，赫梯王国法定的价值尺度主要是白银和大麦两种。

大约 3800 年前，古巴比伦王国更早地使用了称量货币。在古巴比伦王国，也存在着白银称量货币与大麦称量货币并行流通的状况。

在《汉谟拉比法典》的共 282 个条文中，使用白银称量货币的地方有 109 处，是条文总数的 38.7%；使用大麦称量货币的地方有 38 处，主要用于处罚、工资、租金、放贷、偿付、抵债、赔偿、买产等，是条文总数的 13.5%。

在《赫梯法典》的第 1 表和第 2 表共 200 个条文中，使用白银称量货币的地方有 167 处，是条文总数的 83.5%，相当于《汉谟拉比法典》的大约两倍；使用大麦称量货币的地方有 14 处，主要用于处罚、工资、租金和手工费等，是条文总数的 7%，相当于《汉谟拉比法典》的大约一半。

显然，大约 3500 年前赫梯王国的经济发展状况，比较大约 3800 年前古巴比伦王国的经济发展状况，已经有了很大的进步，白银称量货币的使用情况大幅度增加；大麦称量货币的使用情况大幅度减少。

五

古代亚述的黑铅货币

古代亚述位于两河流域北部（今伊拉克库尔德地区），其历史被分为早期亚述、中期亚述和亚述帝国三个时期。亚述帝国以野蛮残暴著称于世。这种野蛮残暴并不仅限于亚述帝国，其特征在中期亚述的法律中已经明显体现。嗜血成性的君主肆意驾驭着被剥夺了人身各种权利的百姓，迫使他们侍奉君主或从事战争，社会生产力受到压抑和摧残，商品经济凋敝。从货币形态看，亚述的货币较少使用白银，较多使用黑铅。

古代亚述

亚述最早的居民是胡里特人。讲塞姆语的亚述人迁入这个地区，与胡里特人融合，形成了古代亚述人。

公元前21世纪至公元前16世纪，属于早期亚述时期。早期亚述的商业贸易比较发达。亚述商人远途经商，把楔形文字带入小亚细亚半岛，促进了小亚细亚的文明与发展。公元前18世纪，亚述城的统治者沙马什·阿达德一世对外进行过多次侵略性远征。

公元前15世纪至公元前11世纪，属于中期亚述时期，亚述受到世界各大列强的压迫。此时，赫梯王国在小亚细亚兴起，开始与埃及王国争霸，并声称对亚述拥有主权。米丹尼王国和喀西特巴比伦都声称对亚述拥有主权。亚述诸王不甘心处于附庸地位，力图独立自主。

公元前10世纪末，亚述进入帝国时期，开始大规模对外战争（如图1-9所示），从而成为人类历史上最血腥的帝国。经过数百年的杀戮，西亚地区政治、经济、文化都出现了严重的倒退。亚述帝国的对外战争以野蛮残暴著称于世，正如亚述国王阿淑尔那西尔帕二世（公元前883年至公元前859年）在其铭文中所说：

我用敌人的尸体堆满了山谷，直达峰顶；我砍掉他们的首级，我用他们的人头装饰城墙，我把他们的房屋付之一炬，我在城的大门前筑了一座墙，包上一层由反叛首领身上剥下来的皮，我把一些人活着砌在墙里；另一些人沿墙活着插进尖木桩，并加以斩首。

图 1-9 亚述浮雕，描绘与骆驼骑士的战斗

亚述国王辛那赫里布（公元前 704 年至公元前 681 年）在他攻打巴比伦尼亚的战役铭记中说：

"我包围并征服了他的 75 座坚固的城池，这些迦勒底国家的要塞以及它们周围 420 座乡镇，并掠走了它们的战利品……我用武器杀戮了邪恶的敌人黑瑞城的战士们，没有留下一个人。我把他们的尸体挂在柱子上并使其绕城一周示众。"

长期不断的征服战争，使征服者和被征服者都忙于战争，放弃了生产。征服者对财富的勒索更加摧毁了正常的生产和交换，使征服者和被征服者各国经济走向崩溃。

亚述帝国的征服战争，创造了大量的奴隶。大量奴隶成为社会生产的主力，由于奴隶们缺乏劳动积极性和思维创造性，社会生产力急剧下降。这种情形持续长久，自然导致亚述帝国走向衰败。公元前 626 年，巴比伦尼亚获得独立。迦勒底人建立了新巴比伦王国，联合米底王国一起反抗亚述。公元前 612 年，新巴比伦王国的军队和米底王国的军队一起攻陷亚述首都尼尼微，亚述帝国灭亡。

黑铅货币

1903~1914 年，在古亚述城遗址（今伊拉克境内）考古发掘出一批泥板文书，上面是用阿卡德语的中亚述方言写成的法典。经考证，这些泥板文书是公元前 12 世纪制成的，法典内容则应追溯到公元前 15 世纪。因此，这部法典被现代学者称为《中亚述法典》，如图 1-10 所示。

图 1-10　保存最完好的《中亚述法典》片段

从《中亚述法典》的条文可以看到，亚述法律针对犯罪多采用肉刑，少采用罚赎，有关罚赎采用黑铅货币和白银货币。

在《中亚述法典》的共 91 个条文中，使用黑铅货币的条文共 14 条，其中：使用他连得单位的条文 9 条；使用弥那单位的条文 2 条；没有说明黑铅单位，只说使用黑铅的条文 1 条；使用黑铅或黄金或白银的条文 2 条。

第 3 表第 5 条 如果某人的妻子在别人家里偷了任何价值超过 5 弥那黑铅以上的【东西】，那么失主应该发誓说："我若许她取东西，必遭天谴！我家里发生了偷窃！"如果她的丈夫愿意的话，他可以交还偷窃物，同时把她赎回，但同时应割去她的耳朵。如果她的丈夫不愿意赎回她，那么失主可以带走她，同时割去她的鼻子。

在这里，对于盗窃罪行的价值计量采用黑铅货币，货币单位采用弥那。亚述的男人没有人身权利，女人更没有人身权利。女人犯了盗窃罪，价值超过 5 弥那黑铅，丈夫可以将她赎回，但应割去她的耳朵；丈夫也可以不赎回她，由失主带走她，但应割去她的鼻子。无论怎样，这女人都要失去身体上的某个器官。

第 3 表第 21 条 如果某人打了别人的女儿并使其堕胎，有人以誓言揭发他并证明他有罪，那么他应交二他连得黑铅；应受五十杖责，并服王家劳役一整月。

1 他连得等于 60 弥那，折合现代约 30000 克，即 30 千克。2 他连得就是 60 千克。与苏美人不同，亚述人被处罚货币后，还是要受到体罚。殴打别人的女儿并使其堕胎，要处罚 2 他连得黑铅，同时，还要杖责 50，并罚做劳役 1 整月。

除了使用黑铅货币，亚述还使用白银货币。在《中亚述法典》的共 91 个条文中，使用白银货币的条文共 10 条，都没有提到白银货币单位，只是说用银子。这种情形似乎是回到了 900 年前的乌鲁卡基那时代。在近代出土古代亚述的有关私法文书中，有一些使用白银的合同，白银单位采用弥那。

私法文书

在古亚述城遗址的考古发掘中，除了发现《中亚述法典》之外，还发现了大量的法律文书。在这些法律文书中，包括有关于货币借贷的合同。

阿布希的儿子伊什美·阿达德从阿舒尔·伊基沙的儿子阿拉德·协鲁依那里取了三十弥那的铅，在十个月的期限内，他只需称还铅的本金，一满了期，铅就要增殖，他将从告诉他的那个居住地的三伊库的田地上割下收成，以替代该铅之利息。如果他不从田地上割取收成，那么伊什美·阿达德将把铅称给阿拉德·协鲁依所雇的收割人。

他的田地与房屋就是铅的抵押品。

（以下是证明人的签名和日期）

伊什美·阿达德从阿拉德·协鲁依那里借了 30 弥那黑铅，期限是 10 个月。从合同上看，这笔借贷似乎是无息借贷。但是据考证，亚述的货币借贷是先付利息的，利息在借贷时先从本金中扣除。上述合同约定，借贷期满时，如果伊什美·阿达德不能偿还贷款，他的 3 伊库田地里的收成就要被没收，作为贷款期满后的利息。1 伊库田地折合现代 3600 平方米，约 5.4 亩。3 伊库田地折合现代约 16.2 亩。伊什美·阿达德所有的田地和房屋都是这笔贷款的抵押物。除了 3 伊库土地上的收成应被没收作为违约后的利息之外，伊什美·阿达德所有的田地和房屋作为这笔贷款的抵押物也要被没收，用来抵偿这笔贷款的本金。

　　因尼比的儿子阿帕丕从阿拉德·基比的儿子别尔·阿沙里达那里按照城市院【所定】重量取了一他连得又六弥那的铅，在七个月的期限内，他只需称出铅的本金。一满了期，铅就要增殖。该铅和他的平安可靠的财产有密切关系。

　　他的田地、儿子和房屋就是铅的抵押品。

　　他将把铅称给他的文书的收执人。

　　（以下是印章、证明人和日期）

　　阿帕丕从别尔·阿沙里达那里借了 1 他连得 6 弥那黑铅，期限 7 个月。借贷期满时，如果阿帕丕不能偿还贷款，他的田地、儿子和房屋作为这笔贷款的抵押物，就要被没收。

　　从出土的《中亚述法典》和私法文书中我们看到，亚述使用黑铅作为货币，货币单位是他连得和弥那。

第二辑
古中华

一

华夏民族最早的钱币空首布

迄今为止，我们发现人类最早的钱币是中国西周时期晋国生产的青铜布币——空首布。迟一些时间生产的钱币，则是 1982 年陕西出土的春秋早期生产的"新绛大布"，如图 2-1 所示。

1982 年，在山西运城市新绛县宋村出土两件青铜布币，被称为"新绛大布"，考证铸造于春秋早期（公元前 770 年至公元前 673 年），比世界公认的人类最早的钱币——吕底亚王国的琥珀合金币还要早一百多年。

图 2-1　新绛大布

琥珀金币

1904 年至 1905 年，大英博物馆在小亚细亚海岸以弗所（今土耳其西南部）的阿尔忒弥斯神庙进行考古发掘，出土了近 100 枚早期钱币。根据对同批出土相关文物的考证，这批钱币的埋藏时间不晚于公元前 550 年。

吕底亚王国首都萨迪斯的河中有自然金银矿，成分为 3 金 1 银，俗称琥珀金。吕底亚人制造琥珀合金币，标准单位是斯塔特（ATATER），重量折合现代大约 14 克，相当于当时 1 个士兵 1 个月的饷金。

土耳其人认为，世界上第一枚钱币是吕底亚王国制造的，时间是公元前 640 年，比目前发现最早的琥珀合金币还要早将近 100 年。1983 年，土耳其共和国发行 500 里拉流通纪念币，纪念吕底亚王国首次发行钱币。纪念币正面图案仿照吕底亚王国古钱图案，狮子与牛头对峙，周围有土耳其文和英文两行文字："世界第一枚钱币；安纳托利亚——吕底亚；公元前 640 年"；纪念币背面图案是麦穗和橄榄枝围绕的文字"500 里拉"。

有出土文物证明，刻印狮子与牛头对峙图案的吕底亚王国钱币是公元前 550 年或稍晚时间制造的 1/2 标准银币。吕底亚王国在公元前 600 年左右制造的琥珀合金币，正面图案是公鹿，币文"我是法尼的印记"。法尼可能是个商人，公鹿是法尼的印记。安纳托利亚高原又称土耳其高原,位于亚洲西端的小亚细亚半岛。

即便我们认同土耳其人的观点，吕底亚王国的琥珀合金币是在公元前 640 年开始生产的，此时正是中国的春秋中期，比春秋早期晋国的青铜布币"新绛大布"晚了许多年。

除了"新绛大布"，上海博物馆收藏的"上博大布"、河南嵩县发现的"嵩县大布"，考证铸造时间为春秋中期前段（公元前 672 年至公元前 624 年），比吕底亚王国的琥珀合金币制造时间也早一些。

青铜布币

"新绛大布"是青铜布币空首布，属于青铜布币的最初形态。青铜布币的前身是一种铲形农具——钱。

"钱"就是"铫"[①]，即锹，属于铲形农业生产工具。《说文解字》云：

钱：铫也。古田器。译文：钱：锹。古代种田的农具。[②]

《诗经·周颂·臣工》云：

命我众人，庤乃钱镈，奄观铚艾。[③]

命令众农夫，准备好铁锹和锄头，周王要来观看你们收割粮食。

当时的钱是青铜铸造品，可以用作农业生产工具，具有价值和使用价值，在商品交换中按照个数进行交易支付，不需要称量。作为商品交换媒介，钱比青铜称量货币更方便。于是，钱逐步替代了部分青铜称量货币，在商品交换中发挥价值尺度和流通手段的货币职能。

由于钱的生产相对分散，难以实现统一规范，钱与钱之间存在着重量差异和价值差异，按照个数进行交易具有大小轻重不一的问题。于是，古人仿照钱的形状铸造了布币。

---

① 铫：音瑶（yao），古代的一种铲形农具。

② 汤可敬：《说文解字今释》，岳麓书社1997年版，第2021页。

③ 韩路：《四书五经》：《诗经·周颂·臣工》，沈阳出版社1996年版，第1252~1253页。

"布"字的意思是流通，即货币流通、分财布利。

有学者认为布币的形状源于古代的一种农具"镈"，是仿照镈的形状铸造的。因为镈的发音与布的发音类似。镈是一种锄地的农业生产工具。《广雅·释器》云："镈，钼也。"[1]钼字同锄，镈是一种锄形农业生产工具。图2-2和图2-3为两种空首布。

然而，我们看到布币的形状更接近于"铲"的形状。

镈与铲，是两类形状相似而用途不同的农具，镈是一种向后锄拉的农具，而铲则是一种向前铲进的农具。钱、铫、锹都属于铲形农具。

我们看到：①布币的形状更接近于向前铲进的农具，而不是向后锄拉的农具。所以，它不应该是仿照镈形农具制造的，而应该是仿照铲形农具制造的。②依据布字的发音与镈字的发音接近，认定布币的形状源于镈的形状，逻辑关系并不成立。③布币也被称为钱，而钱是一种铲形农具。

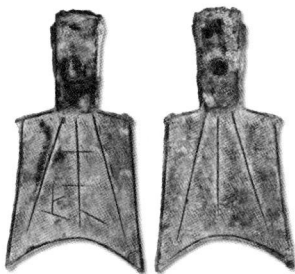

图2-2 "武"字弧足空首布　　　图2-3 "安臧"弧足空首布

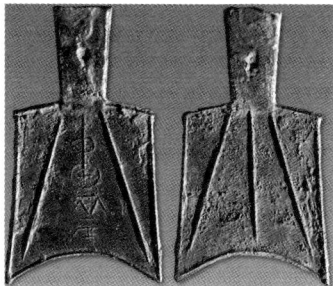

---

[1] （清）王念孙：《广雅疏证》卷八上《释器》，上海古籍出版社2018年版，第1004页。

因此，我们可以推断，布币是仿照青铜农具——钱的形状铸造的。钱属于铲形农具，所以，我们可以说布币是铲形货币。早期作为商品交换媒介的铲形农具——钱，具有作为农具的使用价值，且大小轻重不一，所以并不是完全意义上的数量货币，而是原始数量货币。统一规范的青铜布币，才是真正意义上的青铜数量货币。

布币是我国古代最早的青铜数量货币。布币之后，又出现了刀币、铜贝、圜钱等。由于最早的青铜数量货币——布币的前身是原始数量货币——"钱"，所以此后出现的各类青铜数量货币，譬如刀币、铜贝、圜钱等，也被人们纳入"钱"或者"铜钱"的范畴。

新绛大布

绛是地名（今山西省运城市新绛县），是春秋时期晋国的国都。新绛大布是空首布。空首布是首部有孔的铲形布币，首部的孔用于安装木制铲柄。空首布是中国古代青铜布币的最初形态。经历了较长时间的演变，后来铸造的青铜布币不再保留安装木柄的孔，青铜布币便从空首布转变为平首布。

考古发现，铲形青铜农具于春秋时期在晋国被广泛使用。青铜布币正是在晋国地区最早出现的。

公元前1033年，周成王封其弟叔虞于唐为诸侯，史称唐叔虞。叔虞的儿子燮迁徙晋水，称晋侯燮，晋国由此开始。公元前453年，魏、赵、韩三家分晋，晋国宗室又维持了数十年后才最终灭亡。

中国古代金属重量单位是"益"。陕西省咸阳市武功县出土的战国晚期魏国"信安君鼎",[①] 器铭"九益",实测重量 2842.5 克,可知魏国"益"的重量大约是 315.83 克。

"益"是个较大的重量单位,青铜布币的单位是较小的重量单位"寽"。寽即是锊,商代甲骨文中已有"锊"字。《说文解字》云:

锊:锊也。

段注:郑康成云:"锊重六两大半两,锊即锊。二十两为三锊,正谓六两大半两为一锊也。"[②]

锊,音环,意思是锊。锊,音略,是金属重量单位,金文中常与寽通用。寽,音吕,在金文中常常代表锊字。

寽的重量是 20 两的 1/3。《周礼》云:

弋……重三寽。郑(注)以为寽重六又三分之二两,三寽为二十两。[③]

春秋战国时期,各诸侯国重量标准各有差异。晋国被分为魏、赵、韩三国。根据出土金属器皿上刻印的铭文推算,魏国的益重量为 315.83 克,寽重量应为 315.83 克 ÷3=105.28 克。春秋时期

① 丘光明、邱隆、杨平:《中国科学技术史——度量衡卷》,科学出版社 2001 年版,第 140 页。

② 汤可敬:《说文解字今释》,岳麓书社 1997 年版,第 2027 页。

③ 杨天宇:《周礼译注》,上海古籍出版社 2004 年版,第 627 页。

晋国青铜布币的重量是半寽，即 105.28 克 ÷2=52.64 克。

这一点，从出土的大型空首布"新绛大布"[①]（1 件 53 克；另 1 件 55 克）、"上博大布"[②]（1 件 57.6 克；另 1 件 43.7 克）、"嵩县大布"[③]（1 件 56 克；另 1 件 49 克）可以看出，晋国早期空首布的重量是半寽，即 52.64 克左右。

从春秋至战国，青铜布币的重量持续下降，青铜布币单位也从寽下降至釿。釿即"斤"，意思是伐木的斧子。春秋战国时期，1 益等于 12 釿，魏国 1 釿重量折合现代 315.83 克 ÷12=26.32 克。

魏、赵、韩三家分晋后，社会组织形式从城邦向国家转化，国家对货币实行垄断铸造。魏国的青铜布币刻印"釿"字，有半釿、1 釿、2 釿等品种；赵国和韩国的青铜布币不刻印"釿"字，但也有半釿、1 釿的分别。

图 2-4 桥足半釿布

图 2-4 为桥足半釿布。由于实行国家垄断铸造，百姓不得拒绝接受轻小布币，所以，国家垄断铸造的布币越造越轻。因此，我们现在见到的魏、赵、韩的釿布大多达不到 26.32 克，重量只有十多克。

"新绛大布"重量为半寽，并不是中国最早铸造的钱币。中国最早铸造的钱币应该有一个整数的重量标准——1 寽。纽约美

① 1982 年，在山西新绛县发现两件空首布，属春秋早期。
② 上海博物馆馆藏大型空首布，属春秋中期前段。
③ 河南嵩县大型空首布，属春秋中期前段。

洲古钱学会博物馆藏有一枚中国西周（公元前1046年至公元前771年）晚期铸造的空首布，重量105.10克，是重量1寽的空首布，应该是中国最早铸造的钱币。

二

白狄民族发明的鲜虞刀

华夏农耕文化下，青铜农具"钱"作为原始数量货币的流通，引发了青铜布币的仿造和流通；戎狄游牧文化下，青铜用具"削"作为原始数量货币的流通，引发了青铜刀币的仿造和流通。中国古代最早的青铜刀币，就是鲜虞水畔游牧民族白狄人创造的青铜刀币——鲜虞刀。

鲜虞刀削

刀形青铜用具"削"并不起源于华夏，而起源于戎狄。周朝时期，遵守周礼的地区称夏，遵守周礼的民族称华，不遵守周礼的民族是华夏之外的各个民族，东部民族称夷、南部民族称蛮、西部民族称戎、北部民族称狄。青铜刀币前身"青铜刀削"的出土，主要分布在黄河中下游以北游牧业发达的戎狄文化区内。戎狄游牧民族使用青铜刀削，这与华夏农耕民族使用铲形农具之间有着明显的区别。

因此，农耕文化产生了青铜布币；游牧文化产生了青铜刀币。青铜刀削作为生活用具，在青铜称量货币向青铜数量货币的转化过程中，也曾部分地替代了青铜称量货币，作为原始数量货币在商品交换中按照个数而不用称量进行交易，发挥了价值尺度和流通手段的货币职能。仿照青铜刀削铸造的青铜刀币，首先在戎狄地区实现了货币流通。而出现青铜刀币最早的国家，是白狄游牧民族在鲜虞水沿岸（今河北省石家庄市）建立的鲜虞国。青铜刀币起源的时代，在于春秋晚期，曾与青铜刀削并存。

考古发掘中出土的春秋晚期的青铜刀削，刀背弧度较大，刀头和刃部相接处呈现钝角状，与早期青铜刀币类似，重量为25克左右。

最早出现的青铜刀币是春秋晚期（公元前574年至公元前476年）的鲜虞刀，如图2-5所示，归属于鲜虞刀币一期，重量多数集中在11~15克。鲜虞刀币二期，是指战国早期鲜虞国灭亡之后，白狄人部落流散各地的造币。鲜虞刀币三期，是指战国中期白狄人的刀币，这种刀币的形状已经发生了少许变化，从尖首刀转为针首刀。

图2-5　春秋鲜虞刀

鲜虞刀由百姓自由铸造，没有国家法律的支持。所以，鲜虞刀没有大幅度减重的能力，各枚刀币重量大体相近，基本保持在11~15克。

传入燕国

燕国国君是周朝王室嫡系，其封地却远离中原，位于北方游牧地区。

公元前 1044 年，周武王封其弟姬奭于燕地（今河北省），是为燕召公。公元前 692 年，燕桓公迁易，在古易水之北建筑临易城。从此，临易城成为燕国的主要都城之一。燕前文公（公元前554 年至公元前 549 年）统治时期，燕国在易水西岸建筑易城。

春秋晚期，公元前 489 年，晋国家臣赵氏领袖赵鞅率领军队攻灭鲜虞国。鲜虞人大量逃往燕国，将青铜刀币的铸造技术和流通方式传入燕国。

燕国仿照鲜虞刀币制造的货币是"易刀"，如图 2-6 所示，这种易刀属于燕刀一期，没有币文，在河北易县、北京延庆有发现。战国中期，燕国出现的刀币属于燕刀二期，正面有固定币文"易"字。战国晚期，燕国出现的刀币属于燕刀三期和四期，皆有易字。燕国易刀各期的重量，皆与鲜虞刀的重量相近。

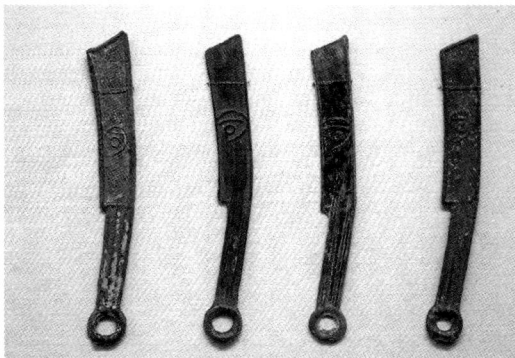

图 2-6　燕易刀

临易城属于燕国都城之一，古易水流经其城南，故称临易城。战国时期，临易城被扩建为燕国南部的政治、经济、文化、军事中心。燕国最早在此地铸造刀币，币面铭文地名，所以铭文"易"字。随着刀币需求量的增加和铸造地的扩展，易地以外地区铸造的刀币也被铭文"易"字。

燕国青铜刀币上的铭文"易"字，过去被释读为"明""吕""召""邑""鄍"等。据清代学者考证，燕国青铜刀币上的铭文应为"易"字，这种刀币大多在易水一带出土，重量在 12~25 克。[①]目前，这种易字青铜刀币出土数量为 20 万枚左右。[②]

公元前 323 年，燕国的国君姬某（公元前 333 年至公元前321 年）自立为王，是为燕易王。燕易王称王，燕国君主独裁国家开始垄断铸行燕易刀。与秦国、楚国的情况一样，燕国国家垄断铸行刀币之后，刀币很快就出现了大幅度减重情况，从战国中期至战国晚期，燕国刀币从 23 克左右降到 12 克左右。

公元前 227 年，燕太子丹身穿白衣，送荆轲赴秦刺杀秦王。至易水畔，众人洒泪告别。高渐离击筑，荆轲悲壮高歌：

风萧萧兮易水寒，壮士一去兮不复还。[③]

荆轲的刺杀行动没有成功。不久之后，秦军攻入燕国，燕王喜逃往襄平（今辽宁省辽阳市）。易水之滨的临易城等繁华城市，在血与火中飞灰湮灭。燕人生性豪爽，不重视窖藏和墓葬，历史资料甚少，竟然一件能够证明燕国度量衡情况的刻印铭文的金属

① 昭明、马利清：《古代货币》，中国书店 1999 年版，第 88 页。

② 黄锡全：《先秦货币通论》，紫禁城出版社 2001 年版，第 224 页。

③ 《史记》卷八十六《刺客列传》，中华书局 1959 年版，第 2534 页。

器皿都没有发现。所以，燕国青铜刀币的单位和重量难以确定。然而，燕国的邻国齐国也流通刀币，齐国的刀币却有法定的单位和法定的重量标准。

齐国刀化

魏、赵、韩使用布币的单位是"釿"，齐国使用刀币的单位是"化"。

"化"读作货，每刀 1 化。早期的古刀，重量大约半孚。1孚等于 6.67 两。齐国的益重量为 369.65 克。1 益等于 24 两，齐国的 1 两重量为 15.40 克。1 孚的重量是 15.40 克 × 6.67=102.72 克。齐国的半孚重量为 51.36 克。

齐国刀币中传世最多的是齐大刀，早期品种主要有三个，重量大约都是半孚：[①]①墨之大刀，重量为 44.5~63.2 克；②安阳之大刀，重量为 46~48.5 克；③齐之大刀，重量为 44.5~50.5 克。

战国晚期，齐国使用刀化。迄今为止，考古未发现出土刻印铭文"化"字的金属器皿。所以，齐国刀化的理论重量尚无出土文物证据。

1992 年，山东临淄商王墓出土了大小两件有纪重、纪容的耳杯，考证为战国末年齐国的器物。小耳杯刻铭中有"冢叁十俴"字样，实测重量 116.71 克[②]；大耳杯刻铭中有"冢一益卅八俴"字样，实测重量 517.47 克[③]。

---

① 黄锡全:《先秦货币通论》，紫禁城出版社 2001 年版，第 280 页。
②③ 丘光明、邱隆、杨平:《中国科学技术史（度量衡卷）》，科学出版社 2001 年版，第 125 页。

小耳杯重"叁十傔"，实测重量 116.71克，每傔应为 116.71 克 ÷30=3.89 克，即 1 傔的重量为 3.89 克。大耳杯重"一益卅八傔"，实测重量 517.47 克，1 益的重量为 517.47 克 −3.89 克 ×38=369.65 克。由此推算，1 益等于 96 傔。

齐威王（公元前 356 年至公元前 343年）原本是公爵。公元前 334 年，齐威王与魏惠王在徐州会盟，互相承认对方为王，史称"徐州相王"。齐威王自立为王之后，齐国开始由国家垄断铸造发行青铜刀币，齐国境内的青铜刀币统一于"齐法化"形式，如图 2-7 所示。根据对部分完整无缺

图 2-7　齐法化

的"齐法化"进行实测，每枚重量为 43~53.5 克，多数为 46 克左右，[①] 相当于齐国 1/8 益的重量。由此可见，每刀 1 化，齐法化的重量为齐国的 1/8 益，1 化的重量是 369.65 克 ÷8=46.2 克。

作为重量单位，1 化等于 12 傔，1 傔的理论重量为 46.2 克 ÷12=3.85 克，与出土齐国小耳杯所证实的 1 傔重量 3.89 克基本相符。

"齐法化"铭文没有各城邑的地名，反映出齐国国家铸币权的集中和加强。

显然，齐威王铸行的"齐法化"属于国家铸行的法定流通货币。除了"齐法化"，齐威王还铸行了"齐大刀"等多种名号的

---

① 朱活：《论秦始皇统一货币》，《文物》1974 年第 8 期。

青铜刀币。

齐威王在位时期，任用邹忌为相，田忌为将，孙膑为军师，进行政治改革，修明法制、选贤任能、赏罚分明、国力日强。经桂陵、马陵两次战役，齐国大败魏军，开始称雄于诸侯。

三

南蛮楚国铸行的铜贝

华夏农耕文化下，青铜农具"钱"作为原始数量货币的流通，引发了青铜布币的仿造和流通；戎狄游牧文化下，青铜用具"削"作为原始数量货币的流通，引发了青铜刀币的仿造和流通。南方蛮夷楚国，由于羡慕中原文明，不能摆脱中原夏商古代贵族配饰珠玉、龟贝的时尚，长期保持身佩"海贝"的习俗，并采用"海贝"作为原始数量货币流通，由此引发了青铜贝币的仿造和流通。

近代青铜贝币出土甚多，黄锡全先生说：

这种铜贝广泛被发现，主要是近几十年的事情。……据不完全调查、统计，全国已出土楚铜贝一百余次，约计 15 万余枚。[①]

我蛮夷也

为帝喾管理火的官员是颛顼高阳氏的后代重黎。重黎专职管

---

① 黄锡全：《先秦货币通论》，紫禁城出版社 2001 年版，第 356 页。

理火，让天下光明，民间温暖，所以被人们称作祝融。楚人的祖先就是祝融，因其擅长用火，被楚人奉为"火神"。

根据《楚居》记载，祝融的后裔分为8个部落，其中一个部落的首领名叫鬶熊，妻子名叫妣厉。妣厉难产，巫师给她做了剖腹产手术，用荆条缝合她的肚子。孩子诞生了，妣厉死去了。楚人为了纪念这位为繁衍后代而牺牲的母亲，将部落取名"楚"，即荆条的意思。后世人们将去世的母亲尊称为"妣"。

商朝末年，楚人深受商朝的压迫。

周文王姬昌邀请许多部落攻打商朝，鬶熊病死在战争期间。周朝建立后，分封诸侯，周成王封鬶熊的重孙熊绎为子爵，居住在南方的丹阳（今江苏省丹阳市）。

中原人瞧不起楚人，楚人只好向南扩张。扩张需要利器，当时的利器便是青铜兵器，而铜矿山掌握在周天子手里。楚人擅长用火，但是冶铜不仅需要火，还需要铜材。

公元前770年，周平王东迁雒邑，王室式微，楚人的机会来了。于是，楚人立刻动手，谋划占领周天子的铜矿山。

我蛮夷也。[①]

这是春秋早期楚国国君熊通的一句名言，原本是攻打随国时对随国强词夺理的一句话，翻译成现代语言就是"我是流氓我怕谁！"

---

① 《史记》卷四十《楚世家》，中华书局1959年版，第1695页。

公元前 704 年，楚国逼迫随国为楚国向周天子讨封尊号，周天子拒绝，熊通便自立为王，是为楚武王。公元前 690 年，楚武王亲自率军攻打随国。

为什么楚国总要与随国过不去，原因是随国为周天子守卫着铜绿山的进出道路——随枣走廊。铜绿山位于今湖北大冶市西南，面积 2 平方千米，山上长满紫色的铜草花，植被下面是铜矿。考古发现这里是古人采矿冶铜的遗址，遗留炼铜炉渣达 40 万吨，产铜量大约 12 万吨。

青铜时代的铜，是最重要的生产、生活用品原料。周天子将本家姬姓族人封在这里驻守，有数十封国，史称"汉阳诸姬"，守卫着矿山和进出矿山的道路。随国守卫的随枣走廊，是进出铜绿山的必经之路。

楚武王在讨伐随国的路上去世了。但是，楚军取得了战争的胜利，随国臣服了。楚国获得了铜绿山的铜矿资源，并且从随国那里学会了先进的铸剑技术。有了先进的武器，楚军的军事战斗力得到了进一步提升。

巽字铜贝

青铜贝币的前身是人们佩饰的天然"海贝"。在铜贝出现之前，海贝曾作为原始数量货币充当商品交换媒介发挥价值尺度和流通手段的货币职能。

夏商时期，人们以海贝作为佩饰。生活在黄河流域的古人，自然将来自大海的海贝视为稀罕之物，悬挂在身上炫耀富贵。不仅活着的时候人们将海贝挂在身上，死后也要采用海贝随葬。夏代墓葬已有海贝随葬，商代墓葬中海贝渐多，周代墓葬中更是多有海贝。

春秋早期，青铜属于称量货币。公元前 690 年，楚人获得了铜绿山的铜矿资源，经济发展取得优势，商品经济逐步繁荣。楚人具有用火的专长，靠着铜绿山，自然大量采矿冶铜，不仅获得了青铜称量货币，而且还使用铜材铸造兵器、铜器。

此时，中原晋国已经开始铸行青铜数量货币——空首布。楚国不甘落后，开始大量铸行铜贝。楚国国家掌控着铜矿资源，限制铜材出口，自然就掌控着铜材的用途。楚人一直感受到被中原各诸侯国蔑视的屈辱，向南扩张需要国家军事实力。为了富国强兵，楚国铸造铜贝从一开始就采用了国家垄断铸造的方式。

楚国铸行的铜贝有多种类型，铸造数量最多的是巽字铜贝，图 2-8 所示。为了铸行巽字铜贝，楚国设立了专门管理巽字铜贝铸行的机构和官员。《古玺汇编》中有"铸巽客玺"印章，上海博物馆藏有"右铸巽玺"印章，说明楚国设立有"铸巽客"和"右铸巽"等官职，主管专门铸行巽字铜贝的机构。

近代出土楚国铜贝甚多，绝大多数是巽字铜贝。巽字铜贝出土的地域最为广泛，南至湖北、湖南；北至河南；东至安徽、江苏；西至陕西。除陕西外，其余地区都是楚国势力曾经到达的地方。

到了战国时期，楚悼王（公元前 401 年至公元前 381 年）起用吴起变法，楚国经济得以迅猛发展，铸行巽字铜贝的数量，便达到了空前的规模。如图 2-8 所示。

图2-8 巽字铜贝

楚国国家垄断铸行巽字铜贝后不久，巽字铜贝就出现了明显的减重。经历了200多年的演变，巽字铜贝从7克降到不足1克。只有国家铸行的金属货币才有这种大幅度减重的能力。楚国政府依靠法律的支持，使铜贝能够在明显不足值的情况下，按照其名义价值进行交易。在楚国铜贝的减重过程中，楚国政府得以向市场提供商品经济不断发展所需要的越来越多的货币供应，并且在这个过程中通过铸行减重铜贝，获取越来越多的铸币利益。

铜贝单位

铜贝铭文的"巽"字应该是地名，是铸造铜贝所在地的名称。理由是："巽"字铜贝与"夅朱"字铜贝并行流通，两者文字不同，重量却十分接近。说明两者铭文并不是两个不同的重量单位，而是两个不同的产地。

铜贝单位承袭海贝原始数量货币传统，基本单位是"贝"。

楚国铜贝被称为"蚁鼻钱"或"鬼脸钱",如图2-9所示。"蚁鼻钱"可能是楚国古语"一贝"的读音,"鬼脸钱"则是巽字铜贝的别称。巽字在铜贝上,看上去就是一个鬼脸。

图2-9　夅朱铜贝

作为原始数量货币,海贝的货币单位是贝,譬如"五贝",也可以是"朋"。1朋是多少贝,众说不一。王国维先生说:

古者五贝一系,二系一朋。后失其传,遂误谓五贝一朋耳。[①]

古代5枚海贝为1串,2串为1朋。后来失传,误以为5枚海贝为1朋。

巽字铜贝的货币单位是"贝",重量半两。楚国的重量制度,1益等于16两,1两等于24铢。战国时期,楚国的1益重量为

① 王国维:《观堂集林》:《说珏朋》,中华书局1959年版,第162~163页。

250 克；1 两重量为 15.625 克；半两重量为 7.81 克。去掉铸造成本及铸币税，巽字铜贝的重量应该在 7 克左右。

黄锡全先生说：

根据河南固始及各地的发现，知其早期应为类似自然贝的空腹空背型，然后变为实心，由椭圆向圆形发展，个体由大变小，重量由重变轻。以"巽"字贝为例，一般通长 1.2~2.1 厘米、宽 0.8~1.4 厘米，重 0.6~5.5 克，多为 3.2 克左右。在湖北大冶，与"视金"铜钱牌同出一窖藏的有铜贝 5 枚（四枚"巽"，一枚夅朱），重者高达 7 克，小者也有 4.2 克。[①]

楚国国家垄断铸行巽字铜贝，越铸越轻，从 7 克降到 0.6 克，其中经历了较长时间的演变。黄锡全先生举例的 5 枚铜贝，最重的 7 克，最轻的 4.2 克，放在一起，显然曾经混合等价流通。其他出土楚国铜贝与此相似，都是大小铜贝混合在一起窖藏或墓葬。并且，巽字铜贝经常与夅朱铜贝混合在一起。譬如：

（1）1962 年，陕西咸阳市长陵车站出土窖藏，巽字铜贝 73 枚，重量为 0.6~4.1 克；夅朱铜贝 48 枚，重量为 1~3.6 克。[②]

（2）1987 年，河南信阳市固始县出土巽字铜贝 4700 余枚，重量为 1.1~2 克；夅朱铜贝 400 余枚，重量为 1.2~1.7 克。[③]

除了巽字铜贝和夅朱铜贝，楚国铜贝还有"全""君""行"

---

① 黄锡全：《先秦货币通论》，紫禁城出版社 2001 年版，第 362 页。
② 《考古》，1974 年第 1 期。
③ 方宇光：《一批珍贵的楚贝币》，《中国钱币》，1990 年第 3 期。

"釿""安""遏"字贝，但出土数量极少。

四

西戎秦国创造的半两钱

先秦国原本是个边陲小国，向东扩张遇到晋国的阻碍，于是向西发展兼并西戎，遂依据西戎百姓及土地而成大国。在战国诸侯争雄的竞争中，秦国虽然属于后起之秀，货币制度却发展迅猛，在各诸侯国中取得领先地位。

西戎秦国

先秦各诸侯国中，秦国是后起之秀。周平王元年（公元前770年）东迁，秦襄公护送周王有功，被封为诸侯。秦穆公时（公元前659年至公元前621年），秦国逐渐富强，东征为晋所阻，西征遂霸西戎。此时，中原地区晋国的空首布铜钱已经开始流通。秦国虽已崛起，但尚无本国国家统一铸行的铜钱。周威烈王二十三年（公元前403年），魏、赵、韩三家分晋，被周天子封为诸侯，天下混战拉开大幕，周天子及其王室得以苟延残喘。各诸侯国展开了通过政治、经济、军事改革实现富国强兵的全面竞争。秦国当然不甘落后。周安王十八年（公元前384年），秦献公即位，次年迁都栎阳。此后，秦献公七年（公元前378年）下令"初行为市"，^① 并编制户籍，启动了改革大业。

秦献公之子秦孝公在位期间（公元前 361 年至公元前 338 年），下令招贤，商鞅自魏入秦，被任命为左庶长，开始变法。商鞅变法，在政治方面：按军功授爵，废除世卿世禄；实行县制，废除分封；实行什伍，以民制民。在经济方面：废井田，开阡陌，允许土地自由买卖；重农抑商；统一度量衡。秦孝公十二年（公元前 350 年），商鞅主持实行：

废井田，开阡陌。平斗桶、权衡、丈尺。^②

自此时开始，秦国规范了铢、两制度，为钱币制度的规范提供了必要的基础。商鞅变法推动了秦国的迅速发展，同时也侵害了秦国贵族的既得利益。公元前 338 年，秦孝公去世，秦惠文王即位。次年，商鞅被车裂处死。然而，商鞅变法继续影响着秦国的改革进程。

初行铜钱

秦国铸造和使用的铜钱是圜钱。圜金的前身是馈赠礼品玉璧。

先秦四大钱币体系中，圜钱出现最晚，起源于魏国，圆形圆孔，单位为"釿"。最早铸行圜钱的城市是魏国的"秵垣"（今陕西省咸阳市彬县西）。秵垣圜钱的铸行始于魏武侯时期（公元前 396 年至公元前 370 年）。不久之后，秦国军事力量蚕食魏国的地界，秦

---

① 《史记》卷六《秦始皇本纪》，中华书局 1959 年版，第 289 页。
② 《资治通鉴》卷二，周显王二十九年，中国书局 1956 年版，第 56~57 页。

人开始使用圜钱，并将圜钱从圆形圆孔逐步改为圆形方孔。秦国的圜钱重量半两，初期的半两钱由百姓自由铸造，如图2-10所示。

图2-10 秦半两钱

公元前336年，商鞅死后第二年，秦国便开始由国家垄断铸行半两钱。秦国国家垄断铸造铜钱，是件大事情，史有所载。《史记·秦始皇本纪》中说：

惠文王生十九年而立。立二年，初行钱。[①]

《史记·六国年表》中记载：

天子贺。行钱。[②]

许多学者认为，秦国"初行钱"是秦国首次由国家垄断铸行半两钱，在此之前，半两钱是由民间百姓自由铸造的。

---

① 《史记》卷六《秦始皇本纪》，中华书局1959年版，第289页。
② 《史记》卷一五《六国年表》，中华书局1959年版，第727页。

杜维善先生说：

半两最早出现在秦献公七年（公元前 378 年）或更早，到了秦孝公十八年（公元前 344 年）商鞅颁定度量衡器标准后，方孔圆钱成了定制。[1]

叶世昌先生说：

秦献公七年（前 378 年）"初行为市"时已有半两钱的流通。《史记·秦始皇本纪》说秦惠文王二年（前 336 年）"初行钱"，可能是将半两钱定为秦国的法定货币。[2]

关汉亨先生说：

秦国城邑铸行"半两"钱大约开始于秦孝公十四年（公元前 348 年）商鞅变法之后，直至秦惠文王二年（公元前 336 年）止。这十余年间，秦中央政府仍未实施统一铸币，当允许地方自由鼓铸。只是在钱币计量单位上实行铢两制。[3]

朱活先生说：

所谓"初行钱"，不等于说秦国到了惠文王时才开始铸钱，而是在这之前，钱币多为私人所铸，用以牟取暴利。现在王国政府规定，钱币一律由公家来铸。[4]

---

[1] 杜维善：《半两考》，上海书画出版社 2000 年版，第 2 页。
[2] 叶世昌：《中国金融通史》，中国金融出版社 2002 年版，第 26~27 页。
[3] 关汉亨：《半两货币图说》，上海书店出版社 1995 年版，第 10 页。
[4] 朱活：《古钱新探》，齐鲁书社 1984 年版，第 271 页。

从《史记·秦始皇本纪》和《史记·六国年表》中记载秦国创建制度的相关文字看，"初"应该是秦国政府首次创建某种制度的表示。譬如"初租禾""初行为市""初为赋"等。"初行钱"与"初租禾""初行为市""初为赋"一样，是秦国政府首次颁布一项具体的制度法令，即秦国政府首次颁布关于半两钱由国家统一垄断铸造发行的法令。

秦惠文王二年（公元前 336 年）秦国政府对半两钱开始实行统一垄断铸造和发行之前，秦国已经出现了金属铸币的铸造和流通。但是，这种铸造和流通不是秦国由国家垄断的铸造和法定的流通，而是民间百姓的私铸和市场自发的流通。而且，这种私铸和流通可能是局部的和极不规范的。

重量标准

战国时期，秦国实行斤、两、铢重量制度，1 斤等于 16 两，1 两等于 24 铢。这时候，秦国 1 斤重量 253 克；1 两重量 15.8125 克；1 铢重量 0.6589 克。半两钱的重量标准是 7.91 克（12 铢）。

战国中晚期的秦国，是严刑峻法的国家。因此，在现代人眼里，当时的半两钱应该是足值、规范的。然而，事实恰恰相反。根据目前考古情况看，当时秦国的半两钱轻重无常，极不规范。

1954 年，四川省考古工作者在巴县冬笋坝发掘了 81 座古代墓葬，出土了 89 枚半两钱。这些钱大小轻重不等，考证为公元前 316 年秦国占据巴蜀之后铸造的。

1979 年，四川省博物馆在四川省青川县郝家坪 50 号战国秦墓发掘出土半两钱 7 枚。这批半两钱与秦昭王元年（公元前 306 年）纪年木牍相伴出土，[①]属于公元前 306 年的墓葬。这批半两钱的大小厚薄轻重，枚枚不同。最轻的 2.1 克（3.2 铢），最重的 9.5 克（14.4 铢），轻重差距达到 4.5 倍。在这批半两钱中，最小的只有 3.2 铢，已经远不足 12 铢的法定标准。这说明，秦国"初行钱"仅 30 年之后，半两钱就已经出现了严重的减重。此时，大小轻重差距悬殊的半两钱混合流通的局面已经开始，如图 2-11 所示。

图 2-11　大小、轻重不一的秦半两钱

自 1954 年四川省巴县冬笋坝战国秦墓出土半两钱半个多世

---

① 四川省博物馆、青川县文化馆：《青川县出土秦更修田律木牍》，《文物》1982 年第 1 期。

纪以来，考古发现战国墓葬或窖藏出土半两钱多处，考察每批出土半两钱均为大小、厚薄、轻重不一的组合，从未有整批直径、重量规范一致的半两钱出土。这种大小钱混合在一起窖藏或者随葬的现象，被人们称为秦半两"大小钱之谜"。

战国时期，秦国的半两钱大小、厚薄、轻重不一，是无可置疑的事实。支持这些美恶混杂的半两钱按照同等价值流通的主要因素是秦国的严刑峻法。

1975 年，湖北孝感市云梦县睡虎地秦墓中发现"秦律竹简"，其中有《金布律》15 条，是现存我国最早的货币立法文献。《金布律》第 1 条就是规定百姓在使用铜钱交易商品时，铜钱大小质量好坏，要一起通用，不准对好坏铜钱进行选择。

百姓市用钱，美恶杂之，勿敢异。[①]

百姓进行商品交易时，不可对钱币大小进行选择。就是说，铜钱无论大小，代表的价值相同，按照个数进行交易。做到这一点，至少需要两个条件：第一，要有法律的强制，百姓不得拒绝接受小钱。第二，钱币是国家铸行的。如果百姓可以私铸铜钱，在大小钱等价流通的情况下，铸造者必不肯铸造大钱，除非大钱可以换取更多的小钱。

依靠法律的强制，秦国政府铸造的半两钱越铸越小，到了秦

---

① 睡虎地秦墓竹简整理小组：《睡虎地秦墓竹简·金布律》，文物出版社 1978 年版，第 55 页。

始皇统一中国的时候，秦半两铜钱的一般重量已经从 12 铢降到了 8 铢左右。

五

百姓依法织造的麻布货币

战国晚期，秦国的布币是百姓用麻织造的。这种用麻织造的布币依靠法律的强制进入流通，行使货币职能，在很大规模上替代了铜钱流通，使秦国从而获得大量富余的铜钱和铜材。于是，秦国利用这些节约下来的铜钱和铜材，收买军人和制造军械，终于赢得了统一中国战争的胜利。战争结束后，麻织的布币出现通货膨胀，秦始皇没有铸造铜钱，采用无偿手段掠夺天下物资，滥征大量劳役，致使商品经济衰败，天下百姓愁苦。公元前 210 年，秦始皇去世，秦二世继位，立刻诏令"复行钱"，使铜钱重获核心货币地位。然而，商品经济尚未恢复，各地起义风起云涌，麻织的布币更无用处。于是，麻织的布币退出货币流通领域，恢复为普通商品。

麻布货币

1975 年，考古发掘在湖北孝感市云梦县一座秦墓中出土 1155 支"秦律"竹简（见图 2–12）。这座秦墓的主人是秦始皇治下的一个地方法官，一生从事法律事务，所以将生前用过的法律文书随葬身边。在这些竹简中，我们发现了中国古代最早的货币成文法——《金布律》。《金布律》规定了麻织布币的法定规制。

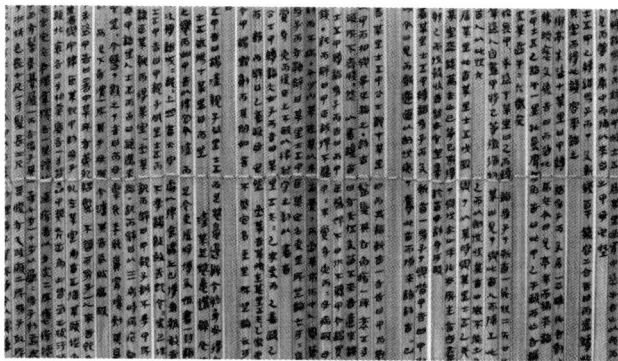

图2-12 秦律竹简

《金布律》第2条：

布袤八尺，福（幅）广二尺五寸。布恶，其广袤不如式者，不行。

布长度8尺，幅宽2尺5寸。布的质量不好，长宽不合标准的，不得作为货币流通。

当时秦国的铜钱是朝廷铸造的，法律禁止百姓铸造铜钱。所以，法律保护朝廷铸造铜钱的法律货币地位，朝廷铸造的劣质铜钱，百姓不得拒绝接受。

当时秦国的麻布货币是百姓织造的，法律禁止百姓织造的劣质布币进入流通："布恶，其广袤不如式者，不行。"由此可见，秦国政府将制造货币的成本转嫁给百姓，不费一文，只给政策，就获得了供应全国使用的大量的麻织货币，在战国七雄中取得了货币资金的优势。

依靠百姓织造的麻布货币，秦国节约了大量的铜钱和铜材，用来收买外国的人才、战马、军械、粮草，赢得了战争的胜利，统一了天下。秦始皇将秦国的货币制度推广到全国使用，黄金、麻织的布币和铜钱便成为全国流通使用的法定货币。

司马迁说：

及至秦，中一国之币为三等，[①]黄金以镒名，为上币；铜钱识曰半两，重如其文，为下币。[②]

到了秦朝，把全国的货币统一为三等，黄金以"镒"为单位，称为上币；铜钱铭文"半两"，重量与文字相符合，称为下币。

在司马迁所述的三等货币中，没有提及中币——布币。后人传抄司马迁的《史记》时，因为没有看到中币的描述，所以有些文本将"三等"误录为"二等"，引起学界的一些争论。

目前，我们在云梦《睡虎地秦墓竹简》刻写的"秦律"中，找到了麻织布币曾经存在的证据，结束了这段疑案。用麻织造的布币易于腐朽，不能持久保留，所以没有实物存世。

布币形制

商代甲骨文中已经有了"麻""丝"等字，说明当时人们用来做衣服的原料已经以布、帛为主。

帛是使用丝织造的，布是使用麻织造的。《说文解字·巾

---

① 中华书局 1959 年版《史记》的文字是"（三）{二}等"，1975 年云梦睡虎地秦墓竹简出土的"秦律"证实此处文字应是"三等"。

② 《史记》卷三○《平准书》，中华书局 1959 年版，第 1442 页。

部》曰：

布：枲织也。

《段注》："古者无今之木棉布，但有麻布及葛布而已。"①

枲是大麻的雄株。春秋战国时期，麻布和葛布是庶民的主要衣料，所以庶民又可以称为"布衣"。贵族可以穿帛制的衣服。但是，战国时期的秦国，被确定为法定货币的是布，而不是帛。这说明，战国中晚期平民还是以布为主要衣料。

布的称量基本单位是"尺"。早期的长度单位与人体相关联，中国古代尺的长度为一般男人手的长度。《说文解字》曰：

尺：十寸也。人手却十分动脉为寸口，十寸为尺。②

尺：十寸。人手后退十分，得动脉之处，就是寸口。十寸是一尺。

中医诊脉要按在病人手腕的"寸""关""尺"三处。从中指尖至"尺"，长度为 23.1 厘米，是战国、秦、汉 1 尺的法定长度。迄今出土的大量战国、秦、汉时期的竹尺、铜尺，长度皆为 23.1 厘米。

战国时期秦国法律规定，百姓使用麻布织造的，作为货币使用的布币，长度 8 尺，宽 2.5 尺。战国晚期秦国 1 尺相当于现

---

①　汤可敬撰：《说文解字今译》，岳麓书社 1997 年版，第 1057 页。

②　汤可敬撰：《说文解字今译》，岳麓书社 1997 年版，第 1160 页。

代 23.1 厘米，8 尺相当于现代 184.8 厘米，2 尺 5 寸相当于现代 57.75 厘米。因此，当时秦国标准货币形制的布的面积为现代的 10672.2 平方厘米，折合 1.06722 平方米。

这样的 1 块麻织的布，作为货币，其价值与铜钱挂钩，代表 11 枚铜钱行使货币职能。

《金布律》第 3 条：

钱十一当一布。其出入钱以当金、布，以律。

11 枚铜钱折合 1 布。如果官府收支铜钱来折合黄金或布，其折合比率，应按法律的规定。

🐉 复行铜钱

秦始皇统一天下，化剑为犁，铜材用于军械的需求大幅度减少。秦始皇重劳役而轻农商，百姓不能专务农商，麻布作为货币的需求开始下降。

秦始皇大兴土木，修建宫殿陵寝并不使用货币，而是无偿征用天下大量劳役。因此，秦始皇没有铸行铜钱，而是任由百姓继续织造布币。布币织造过多，自然引起严重的通货膨胀，百姓生活日益贫苦。秦始皇不顾民间疾苦，实行严刑酷法的高压政策，搞得社会危机四伏，随时可能爆发大规模的人民起义。

公元前 210 年，秦始皇在沙丘平台（今河北省邢台市广宗县）去世。《史记·六国表》云：

十月，帝之会稽，琅邪，还至沙丘崩。子胡亥立，为二世皇
帝。杀蒙恬，道九原入。复行钱。[①]

公元前 210 年 10 月，秦始皇去会稽、琅邪巡视，回来路上
在沙丘去世。秦始皇的儿子胡亥继位，是为二世皇帝。胡亥下令
杀了蒙恬，取道九原回到京师，下令恢复铸行铜钱。

秦始皇去世几个月后，陈胜、吴广揭竿而起，各地纷纷响应，
大规模的农民起义爆发。秦始皇去世后，朝廷干的第一件事就是
"复行钱"，恢复货币经济，恢复正常的经济秩序。

秦二世胡亥下令恢复铸行铜钱，说明秦始皇停止了铜钱的铸
造，市场上流通半两旧钱和百姓用麻织造的布币。秦始皇统一天
下之后，没有废止布币的货币职能，也没有铸造半两新钱。布币
织造过多，自然会发生通货膨胀，造成布币泛滥贬值。胡亥恢复
铸行铜钱，目的在于解决布币泛滥的问题，也是为了应对天下危
急的局面。胡亥恢复铸行铜钱后，为了抑制劣币驱逐良币，以致
铜钱被贮藏的隐患，所以废止了布币作为货币职能的使用。从此，
布币退出货币领域，恢复为普通商品。刘邦建立汉朝后，汉律中
不再见到布币作为货币职能的有关规定。

胡亥下令铸造的铜钱是半两钱，其重量与秦始皇铸造的半两
钱相近，在 8 铢左右（见图 2-13）。一年后，陈胜、吴广起义；
三年后，胡亥被迫自杀于望夷宫；五年后，刘邦被项羽封为汉王，
下令百姓铸造铜钱。

---

① 《史记》卷一五《六国年表》，中华书局 1959 年版，第 758 页。

图 2-13　胡亥复行铜钱

于是为秦钱重难用，更令民铸钱。[①]

　　如果胡亥铸造的铜钱十分轻小，刘邦就不会以"秦钱重难用"为借口，下令百姓铸造铜钱了。

---

① 《史记》卷三〇《平准书》，中华书局 1959 年版，第 1417 页。

第三辑
古希腊

一

吕底亚王国的琥珀金币

吕底亚王国位于小亚细亚半岛（又称"安纳托利亚"）西部（今土耳其西北部），濒临爱琴海，是公元前 14 世纪至公元前 6 世纪的古国。人类最早的钱币，就产生在这里。

侍从篡位

中国古代有个王莽，篡夺了西汉王朝的皇位，搞乱了钱币制度，使人民穷困，不久就被起义军杀死。王莽篡位 700 年前，吕底亚王国有个国王的侍从，篡夺了王位，建立起一个富强的王朝。就是这个王朝，生产出人类最早的钱币。

公元前 716 年，吕底亚国王的名字叫作坎道列斯。因为妻子太美丽了，坎道列斯经常向他的贴身侍卫巨吉斯炫耀妻子的美丽。但是，衣服掩盖着国王妻子的美丽，所以坎道列斯怂恿巨吉斯偷看妻子的裸体。巨吉斯偷看了国王妻子的裸体之后，国王妻子勃然大怒。希罗多德在《历史》一书中提到：

原来在吕底亚人当中，同时在几乎所有异邦人之中，甚至对男子来说，当自己裸体时被人看到，都被看作是一种奇耻大辱。[①]

于是，国王妻子与巨吉斯密谋刺死了坎道列斯，国王的王冠就落在巨吉斯头上。巨吉斯得到王位和王后，就建立了梅尔姆纳得斯王朝。

巨吉斯建立的这个王朝政治稳定、经济繁荣。巨吉斯和他的儿子阿尔杜斯两人相继持政总计87年。其中，巨吉斯在位38年（公元前716年至公元前678年）；阿尔杜斯在位49年（公元前678年至公元前629年）。公元前640年，巨吉斯的儿子阿尔杜斯执政时期，吕底亚王国生产了世界上最早的钱币——琥珀金币。

尽管阿尔杜斯执政期间，梅尔姆纳得斯王朝创造了人类历史上最早的钱币，并且钱币有效地促进了人类的生产和交换。但是，后世人们并不熟悉阿尔杜斯的名字。后世人们熟悉的名字是阿尔杜斯的重孙子克洛伊索斯。

克洛伊索斯之所以被后世人们所熟悉，不是因为他有多么伟大的功绩，而是因为他有一个很大的失败。克洛伊索斯丧失了他的祖先千难万险采用血腥手段得来的王国。

琥珀金币

关于钱币的起源，古人众说纷纭，难以分辨真伪。所以，我们只能依据出土实物。目前出土的世界上最早制造的钱币是吕底

---

① ［古希腊］希罗多德：《历史》，周永强译，陕西师范大学出版社2008年版，第7页。

亚王国的琥珀金币。

1904 年至 1905 年，大英博物馆在小亚细亚海岸以弗所（今土耳其西南部）的阿耳特弥斯神庙进行考古发掘，出土了近 100 枚早期钱币。根据对同批出土的相关文物进行的考证，这批钱币的埋藏时间不晚于公元前 6 世纪中期，甚至更早。这批钱币的出土，证实了希罗多德在《历史》一书中所说的：吕底亚人是最早制造和使用金银钱币的人。

依照我们所了解的，他们是最早铸造和使用金银货币的人。[①]

吕底亚王国首都萨迪斯的河中有自然金银矿，其成分为 3 金1 银，俗称琥珀金。吕底亚人制造琥珀金币，标准单位是斯塔特（STATER），其重量折合现代大约 14 克，相当于当时 1 个士兵 1个月的饷金。

吕底亚人创造了标准重量和标准成色的金属钱币，有利于生产的计划和核算，便利了商业活动，从而促进了生产和交换的发展。很快，钱币的制造和使用从小亚细亚半岛传到希腊在地中海沿岸的各个城邦。

土耳其人认为，世界第一枚钱币是吕底亚王国制造的，时间是公元前 640 年。1983 年，土耳其共和国发行 500 里拉流通纪念币，纪念吕底亚王国首次发行钱币。纪念币正面的图案仿照吕底亚王

---

① ［古希腊］希罗多德：《历史》，周永强译，陕西师范大学出版社 2008 年版，第 42 页。

国古钱，狮子与牛头相对，周围有土耳其文和英文两行文字："世界第一枚钱币：安纳托利亚——吕底亚：公元前 640 年"；背面的图案是麦穗和橄榄枝围绕的文字："500 里拉"。

图 3-1　吕底亚琥珀金币

　　李铁生的《古希腊罗马币鉴赏》，介绍了公元前 600 年前后吕底亚王国发行的一枚琥珀金币，正面的图案是公鹿，币文"我是法尼的印记"。法尼可能是个商人，公鹿是法尼的印记。如图 3-1 所示。

　　生产了琥珀金币之后不久，吕底亚王国掌握了金银分离技术，又制造了纯金币和纯银币。吕底亚王国制造的斯塔特金币，重量折合现代大约 8 克，正面图案是怒吼的狮子，背面是一个戳记。吕底亚王国制造的斯塔特银币，重量折合现代大约 11 克，正面图案是狮子与牛头相对，背面是两个戳记。吕底亚币背后的戳记，似乎是为了打制钱币而形成。

　　英国货币学家伊恩·卡拉代斯在著作中也介绍了这枚钱币。他认为吕底亚人在钱币背面打制戳记的目的还有待于进一步研究：

　　　　"在预先称量好的贵金属块上加盖戳记以认证其价值，是促成其作为钱币流通的一个合乎逻辑的步骤，但加盖戳记的本来目的究竟是作为支付的媒介，还是用于贸易交换，抑或价值存储，又或为了宗教供奉（需知以弗所钱币的出土地点是一座神庙的地基），还无法下结论。"①

惠及波斯

到了阿尔杜斯的重孙子克洛伊索斯的时代，吕底亚王国发展到鼎盛时期。吕底亚王国征服了地中海沿岸在小亚细亚半岛上的所有希腊城邦，成为小亚细亚的霸主。

公元前550年，居鲁士②推翻了米底王国，建立了波斯帝国。克洛伊索斯感到了威胁，就准备去攻打波斯。智者桑达尼斯直言进谏说：

国王啊，您所要进攻的波斯人一无所有。他们以皮制衣，以水代酒，土地荒瘠贫苦，没有任何美好华贵的东西。您即使把他们征服了，也得不到什么。如果您万一不胜，您的损失可无法估量啊！③

克洛伊索斯不听智者的话，去攻打波斯。

公元前547年，克洛伊索斯与居鲁士在普特里亚进行了一次会战，互有胜负。战后，克洛伊索斯派使者去希腊德尔斐阿波罗

① ［英］伊恩·卡拉代斯：《古希腊货币史》，黄希韦译，法律出版社2017年版，第18页。
② 居鲁士：即居鲁士二世，一般称为居鲁士，建立了波斯帝国。
③ 于卫青：《波斯帝国》，中国国际广播出版社2014年版，第41页。

神殿请求神谕，女巫说有一个帝国将会陷落。克洛伊索斯断定陷落的帝国将是波斯帝国。于是，他在边境上不断集结部队，准备再次进攻。居鲁士为了防止克洛伊索斯集合更多的军队进攻波斯，就在公元前546年率领大军先发制人，绕过防线，攻至吕底亚王国首都萨迪斯。

两军陈兵于萨迪斯城前，锡姆伯拉战役爆发。克洛伊索斯的军队骑马迎敌，居鲁士的军队中埋伏有骆驼骑兵。据希罗多德所著的《历史》所述，马害怕骆驼，因此吕底亚的战马在看到波斯的骆驼或闻到其气味时便不受指挥，无论骑兵如何驱使，都不肯向前冲锋。吕底亚的骑兵被迫下马作战，结果惨败，逃回城里。居鲁士在围城两周后，率军攀越城壁，攻入萨迪斯城，活捉了克洛伊索斯，吕底亚王国灭亡。

波斯帝国消灭了吕底亚王国，继承了吕底亚王国的钱币生产和钱币制度，将钱币流通推广到伊朗高原的广大地区。于是，波斯帝国成为世界上最富强的国家。不久，波斯帝国军事占领埃及，并且入侵希腊，成为横跨亚、非、欧三大洲的庞大帝国。

吕底亚王国的钱币生产技术和钱币制度传入希腊，希腊人采纳了吕底亚的斯塔特货币制度，并开创了德拉克马货币制度。公元前330年，马其顿王国的亚历山大大帝消灭了波斯帝国，他的部将塞琉古在西亚以叙利亚为中心建立了塞琉古王国，发行希腊化钱币——德拉克马。司马迁称塞琉古王国为"条支"。公元前3世纪中叶，波斯地区的帕提亚从衰败的塞琉古统治下宣告独立，建立了帕提亚王国，也发行希腊化钱币——德拉克马。班固称帕提亚为"安息"，并于《汉书》卷九十六《西域传》记载其钱币形制云：

以银为钱，文独为王面，幕为夫人面，王死辄更铸钱。[①]

安息使用白银制造钱币，正面是国王的肖像，背面是王后的肖像，国王死后，要重新制造钱币。

二

克里特岛上的斯塔特银币

公元前 7 世纪后期，位于地中海东部小亚细亚半岛上的吕底亚王国生产出人类最早的钱币——琥珀合金币。吕底亚王国生产的琥珀合金币的单位是斯塔特（STATER），1 枚斯塔特的重量折合现代大约 14 克。生产了琥珀金币之后不久，吕底亚王国掌握了金银分离技术，又制造了纯金币和纯银币。斯塔特金币的重量折合现代大约 8 克；斯塔特银币的重量折合现代大约 11 克。吕底亚王国的钱币生产技术和钱币流通制度迅速传入临近的岛屿——希腊文明的发源地克里特岛。截至目前，考古发现不仅有克里特岛上的斯塔特银币，还有记载克里特岛上使用斯塔特银币的法典——《格尔蒂法典》。

克里特岛

古希腊的历史是古人与天神无限缠绵、亲密无间的历史。古希腊文明的源头——克里特文明更是人类文化与神话传说云山雾

---

① 班固：《汉书》卷九十六《西域传》，中华书局 1962 年版，第 3889 页。

罩地融合在一起的文明体现。

众神之王宙斯爱上腓尼基王阿革诺耳的女儿欧罗巴（EURO-PA），便化作白牛将她诱拐到克里特岛，生下儿子米诺斯。米诺斯成为克里特岛的国王，将首都建在克里特岛中北部的克诺索斯，城中修建了巨大宏伟的宫殿。此后，这个地方名为欧罗巴，这就是欧洲名称的来源。

宙斯的哥哥海神波塞冬送来一头白牛，这头白牛与米诺斯的妻子生了一个牛首人身的怪兽米诺牛。为了囚禁这个怪兽，米诺斯派人修造了一座迷宫，将怪兽关在里面。每7年，雅典被迫送来7对童男童女，给迷宫中的米诺牛吃掉。

雅典国王爱琴的儿子提修斯充当童男来到克里特岛，得到米诺斯公主阿里阿德涅的帮助，杀死了米诺牛。提修斯带上公主乘船回国。由于船上信号的失误，国王爱琴以为自己的儿子已经被米诺牛吃掉，就跳海自杀身亡。提修斯成为雅典的国王。这片海被后人称为爱琴海，"希腊文明"也被称为"爱琴文明"。

似乎是神话造就了现实，更令人吃惊的事情还在后面。

1900年，英国学者阿瑟·伊文斯来到克里特岛，挖掘出米诺斯王宫，发现了里面的许多陶器和壁画，便将这些发现命名为"克里特文明"。据考证，"克里特文明"在公元前2000年前后达到顶峰，公元前1450年左右被迈锡尼人摧毁。

现有考古发现克里特岛的钱币有四种，第一种是克诺索斯钱币，币文有克诺索斯（KNOΣ）字样，钱币背面有迷宫的图案；第二种是法拉萨尔马钱币，币文有法拉萨尔马（Φ-A）字样，法拉萨尔马位于克里特岛的西端；第三种是法埃斯特钱币，币文有法埃斯特（ΦAIΣTIΩN）字样，法埃斯特位于克里特岛中南部；第四种是伊塔诺斯钱币，币文有伊塔诺斯（ITANIΩN）字样，伊塔诺斯位于克里特岛的东端。

《格尔蒂法典》

克里特岛上曾经流通斯塔特银币，这一点，在《格尔蒂法典》中得到了证实。

公元前 5 世纪，希腊诸城邦日渐繁荣。克里特岛中央有一个格尔蒂城，它的北面是克诺索斯，南面是法埃斯特，东面是伊塔诺斯，西面是法拉萨尔马。这座城的居民们制定了一部法律——《格尔蒂法典》。

公元 1884 年，意大利学者 F. 哈伯海尔在克里特岛上发现了埋在地下的半圆形墙壁上刻写的《格尔蒂法典》，并将其发表。据考证，半圆形墙壁属于公元前 1 世纪的剧场观众一侧，圆墙的直径约为 33 米。显然，这座墙壁支撑着更早时代的法庭的一部分。墙壁上保存下来的 600 多行法典残篇，堪称古代保留至今的在公共建筑上公布法典的绝好例证。

据考证，这部法典制定于公元前 5 世纪前期，是欧洲最早的法典，也是希腊世界存留下来的唯一的一部比较完整的法典。

《格尔蒂法典》中关于处罚、赔偿、支付的条文多使用斯塔特。除了斯塔特，《格尔蒂法典》中还使用德拉克马（DRACHMA）和奥波（OBOL）。在《格尔蒂法典》中，使用货币的地方有 34 处，其中使用斯塔特的地方有 29 处，占总数 85.3%；使用德拉克马的地方有 3 处，占总数 8.8%；使用奥波的地方有 2 处，占总数

5.9%。可见，当时货币流通主要使用斯塔特。例如，《格尔蒂法典》规定：

> 对男女自由人施以强暴者，罚其一百斯塔特；对阿派太洛斯施暴，罚十斯塔特。若奴隶对男女自由人施暴，则加倍罚款；若自由人对男女奴隶施暴，罚五德拉克马；若男农奴对女农奴施暴，罚五斯塔特。
>
> 企图以威逼诱奸家奴者，罚二斯塔特，若他已实施诱奸，则在白天罚一奥波，在夜间罚二奥波。

根据当时的货币制度，1斯塔特等于2德拉克马；1德拉克马等于6奥波。

斯塔特币

尽管《格尔蒂法典》没有说明克里特岛上的斯塔特币的形制标准和使用币材，我们仍然可以推断其所述斯塔特币是克里特岛上的居民比照吕底亚王国的斯塔特银币采用白银制造的。这一点，我们可以从考古发现的克里特岛币中得到证实。例如：

公元前425年至公元前400年生产的一枚克诺索斯银币，重量为11.37克，直径为23毫米。银币正面的图案是牛首人身怪兽米诺牛裸身奔跑像，币缘有连珠纹，上方币文是地名："克诺索斯"（KNOΣ）；背面的图案是8个迷宫，中央有芒星。如图3-2所示。

这枚银币是在吕底亚王国掌握金银分离技术，开始制造纯银币100多年之后生产的。吕底亚王国的斯塔特银币重量折合现代大约为 11 克。经历了 100 多年，吕底亚王国的钱币生产技术和钱币流通制度传到克里特岛，银币的重量仍然保持在折合现代11 克以上。

图 3-2　克诺索斯银币

克里特岛上居民生产这枚银币的时候，吕底亚王国已经灭亡，取而代之的是波斯帝国。当时，波斯帝国使用的货币各地不同，有大流克金币、西格罗斯银币（即希腊语"舍客勒"银币）、德拉克马银币、斯塔特银币。

公元前 330 年至公元前 270 年生产的一枚法拉萨尔马银币，重量为 11.73 克，直径为 25 毫米，银币正面的图案是月亮神阿耳特弥斯束头带面右头像；背面的图案是三叉戟，其中币文为地名"法拉萨尔马"（Φ-A）。如图 3-3 所示。

图 3-3　法拉萨尔马银币

公元前 300 年至公元前 270 年生产的一枚法埃斯特银币，重量为 11.32 克，直径为 25 毫米，银币正面的图案是塔洛斯双翼裸身正面站像，两手均持石块，下方币文为人名"TAAΩN"；背面是顶撞的公牛，上方币文为地名"法埃斯特"（ΦΑΙΣΤΙΩΝ）。如图 3-4 所示。

图 3-4　法埃斯特银币

塔洛斯是火神赫菲斯托斯打造的青铜巨人，用以驻守克里特岛海岸，如遇外来船只，则掷石毁之。法埃斯特位于克里特岛的中部南岸，是克里特岛的重要码头。

以上三枚银币：克诺索斯银币、法拉萨尔马银币和法埃斯特银币都是按照斯塔特重量标准生产的银币，与《格尔蒂法典》所述斯塔特相符。尽管这三枚银币生产的时间各有差异，但其重量相差不多，分别为 11.37 克、11.73 克和 11.32 克。

此外，正如《格尔蒂法典》所述，克里特岛上也曾使用过德拉克马，即半斯塔特。

公元前 300 年至公元前 280 年生产的一枚德拉克马银币，重量为 5.4 克，直径为 15 毫米，银币正面的图案是雅典娜脊盔面左头像；背面的图案是人首鱼身特里同持三叉戟，左侧币文为地名"伊塔诺斯"（ITANIΩN）。如图 3-5 所示。

图 3-5　伊塔诺斯德拉克马银币

然而，此时雅典的德拉克马的一般重量只有 4.37 克，比克里特岛上的德拉克马轻了许多。此外，目前出土各地区各时期的德拉克马银币的实际重量，与中国古代的秦半两一样，各币之间多有差异，各自轻重无常。

三

古希腊的德拉克马银币

苏美尔人的白银称量货币制度，经历了一千多年的发展，传入小亚细亚，在吕底亚王国产生出世界上最早的钱币——斯塔特（STATER，琥珀合金币）。斯塔特从吕底亚王国传入临近的地中海岛屿克里特岛，等于 2 德拉克马（DRACHMA）。公元前 6 世纪中期，吕底亚王国的银币铸造技术和银币流通方式传遍了古希腊的众多城邦。

🐉 古代希腊

古代希腊即"古希腊"，也称为"爱琴世界"，最初的地理范围包括希腊半岛、爱琴海的岛屿、小亚细亚西部沿海地区、黑海沿岸、南意大利和西西里岛。

希腊古称"希腊斯"（Hellas），最初是一个地理概念，位于传说中希腊始祖希伦（Hellen）及其部落聚居的色萨利南部弗提奥提斯地区。随着希伦和他的儿子们在弗提奥提斯势力的增长，其他部落称其为"希腊人"（Hellenes）。荷马史诗《伊利亚特》中，希腊人的称谓仅用于指阿喀琉斯麾下的弗提奥提斯地区的人。

到了公元前 8 世纪至公元前 6 世纪的古风时代，随着希腊各地在政治、经济、文化、宗教信仰等方面的交往和融合，"希腊人"才成为希腊各部族共同的称谓，"希腊斯"也就成为古代希腊人对其所生活居住地区的通称。

后来，古罗马人把当时希腊人所聚居的南意大利和西西里岛殖民地统称为"Magna Graecia"（大希腊），称希腊人为"Graeci"。今天的英文"Greece"（希腊）和"Greeks"（希腊人）二词便是由此而来。

古希腊的钱币源于地中海东岸的吕底亚王国。英国钱币学家卡拉代斯在他的专著《古希腊货币史》前言的第一句说："古希腊造币于公元前 7 世纪晚期发轫于小亚细亚吕底亚地区。"小亚细亚半岛在亚洲西端，爱琴海东岸，隔海遥对巴尔干半岛。公元前 7 世纪晚期，小亚细亚西部沿海地区已经出现了一些希腊殖民城邦。然而，吕底亚王国并不是典型的希腊城邦，而是一个历史悠久的古国。当时的吕底亚王国是世界上最富庶的国家。公元前6世纪中期，吕底亚王国已经掌握了金银分离技术，铸造出了纯金币和纯银币。吕底亚王国的银币一经出现，很快就传入古希腊的众多城邦。

卡拉代斯说：

始于公元前6世纪中期的银币的戏剧性普及，则本质上无可置疑地是一种希腊现象。截至公元前6世纪晚期，在爱琴海诸岛和希腊大陆部分，向北至马其顿和色雷斯，向西至南意大利和西西里岛的希腊定居地，向东至塞浦路斯岛和北非海岸昔兰尼，都在打造银币。[①]

德拉克马

受两河流域及小亚细亚重量制度的影响，古希腊采用弥那（MINA）作为重量单位，与本土的德拉克马重量接轨，1弥那等于100德拉克马。

德拉克马既是重量单位，也是货币单位。在古希腊语中，德拉克马的意思是"一把"，应该是指一把麦粒的重量。

赫尔茨在其《古代希腊和罗马度量衡文献》中引用医学家盖

---

① ［英］伊恩卡拉代斯：《古希腊货币史》，黄希伟译，法律出版社2017年版，第19~20页。

伦（公元 129 年至 216 年）的一段话说：

1 德拉克马等于 18 克拉特，或按别人的说法，3 格拉玛，1 格拉玛等于 2 奥波，1 奥波等于 3 克拉特，1 克拉特包含 4 颗谷物。

从这里看，与古代波斯的情形一样，古希腊的重量制度也是源于人们对谷物多少的测量。一把麦粒究竟抓了多少颗？按照盖伦的说法，一把麦粒是 72 颗。两河流域 1 舍客勒的重量为 8.33 克，等于 180 颗麦粒的重量。那么，两河流域 1 颗麦粒的重量为 0.0463 克，72 颗麦粒的重量为 3.33 克。但是，除了小亚细亚西部沿海一带，古希腊德拉克马银币的重量大多在 4 克以上。

古希腊各城邦有着各自不同的德拉克马重量标准。盖伦所说的德拉克马重量标准，指的是小亚细亚西部沿海的一些希腊城邦的重量标准和临近岛屿萨摩斯岛上的重量标准。在这些地方，1 德拉克马的重量为 3.33 克。位于阿提卡地区的雅典城邦，1 德拉克马的重量是 4.37 克，相当于 94 颗麦粒的重量。其他地区的希腊城邦，有着更多种类的德拉克马重量标准。然而，对于古希腊众多城邦而言，雅典更具有代表性和影响力。

雅典是古希腊最重要的城邦，其"德拉克马"的重量为 4.37 克，100 德拉克马为 1 弥那，重量 437 克。古希腊 1 弥那的重量标准只有两河流域 1 弥那重量标准的 7/8，即 $500 \div 8 \times 7 \approx 437$ 克，少了 63 克。为什么会有这样的差距？据说，这事情与雅典第一任执政官梭伦（SOLON）的改革有关。

公元前 600 年前后，年约 30 岁的梭伦被任命为军事指挥官，统帅部队，一举夺下萨拉米斯岛。从此，梭伦走上雅典的政坛。公元前594年，梭伦出任雅典城邦的第一任执政官，开始修订法律，进行改革，史称"梭伦改革"。执政官任满后，梭伦周游世界，去过许多地方，写了许多诗歌。梭伦改革内容很多，其中有对度量衡和借贷利率的改革，规定借贷利率为12.5%。于是，借款人借1弥那500克，却只能拿到1弥那437克，差额63克，便是本金500克的12.5%的贴息。

这传说也许并不可靠。不过，两河流域1弥那为500克，古希腊雅典1弥那为437克，却是可信的。两者之间7/8的关系，可能是一个巧合。

在古希腊各城邦，重量单位奥波（OBOL）也被用作货币单位。1德拉克马等于6奥波。更大一些的货币单位是斯塔特（STATER），1斯塔特等于2德拉克马。

雅典银币

雅典位于巴尔干半岛南端阿卡提的中心平原地区，三面环山，一面傍海。

古希腊钱币源于吕底亚王国的琥珀合金币，而古希腊钱币的广泛传播则应归功于古希腊人的海上贸易。雅典是巴尔干半岛南端最重要的港口。因此，雅典较早地引进了吕底亚王国的钱币制度和钱币流通。雅典建立的钱币制度对古希腊各城邦有重要的影响。

古希腊的众多城邦有各自不同的重量制度和重量标准。这种情形与中国古代夏商周时期各地繁杂的重量制度十分相似。夏朝的地方社会组织形式是"邑";商朝的地方社会组织形式是"方国";周朝的地方社会组织形式是"诸侯国",各地方的社会组织体制从部落转为城邦,再从城邦转为国家。然而,中国各地方有着不同的重量制度和重量标准。直到公元前221年,秦始皇统一天下,才将各地繁杂的度量衡制度统一起来。

采用437克等于1弥那的重量标准,雅典人将1弥那白银制造成100枚德拉克马银币,每枚德拉克马银币的重量为4.37克。扣除制造成本和铸币税,雅典的德拉克马一般都轻于4.37克。雅典的德拉克马银币主要有一德拉克马、二德拉克马、四德拉克马、十德拉克马。

当罗马人统治希腊世界时,罗马重量标准"阿斯"(AS)取代了希腊重量单位德拉克马的地位。

古希腊1弥那等于16盎司,而古罗马的1阿斯或者1罗马磅只有12盎司。所以,罗马1阿斯或者1罗马磅的重量为437克÷16×12≈327克。

古罗马的阿斯重量标准主要用在青铜称量货币及青铜数量货币上。罗马共和国时期,罗马国家垄断铸造阿斯铜币。依靠着国家信用和法律支持,阿斯铜币出现了快速大幅度减重,在大约200年间,从327克减至10克左右。

雅典德拉克马银币由百姓自由制造,没有政府的信用和法律的支持,不具备快速大幅度减重的能力,重量标准长期保持基本稳定。譬如:

雅典二德拉克马银币,重量8.53克(1德拉克马等于4.27克),公元前575年至公元前525年生产,正面图案是女狀女耳工正面头像；背面 4 个三角压印，上方有豹头。如图 3-6 所示。

图 3-6 雅典二德拉克马银币

雅典四德拉克马银币，重量 17.16 克（1 德拉克马等于 4.29 克），公元前 449 年至公元前 404 年生产，正面图案是雅典娜阿提卡盔面朝右头像，背面图案是猫头鹰站像，右侧币文为地名 "AΘE"（雅典）。如图 3-7 所示。

图 3-7 雅典四德拉克马银币

雅典四德拉克马银币，重量 16.83 克（1 德拉克马等于 4.21 克），公元前 131 年至公元前 130 年生产，正面图案是雅典娜脊盔头像，背面图案是猫头鹰站立在陶罐上。如图 3-8 所示。

雅典娜是智慧女神，也是雅典城的守护神。猫头鹰是雅典娜的守护鸟，夜间为雅典娜传递消息，是智慧的象征。

图 3-8　雅典四德拉克马银币

上述三枚银币都产于雅典，生产时间为公元前 575 年至公元前 130 年，相隔 400 多年。第 3 枚银币被生产时，希腊化马其顿王国已经被罗马人消灭，雅典已经被纳入罗马的行省。在这 400 多年中，雅典生产的银币，折合 1 德拉克马的重量都在 4.20 克以上，低于 1 德拉克马重量标准 4.37 克，其中的差额属于制造成本及铸币税。

四

塞琉古王国银币的减重

公元前 330 年，亚历山大大帝攻陷波斯波利斯，消灭了波斯帝国，从而成为横跨欧亚庞大帝国的君主。公元前 323 年，亚历山大大帝去世，他的部将塞琉古通过十多年的浴血奋战，占据了西亚的广袤土地，成为亚历山大帝国版图内最大地区的主人。公元前 305 年，塞琉古将军建立了塞琉古王国，自立为王，是为塞琉古一世。塞琉古一世向东扩张领土，自伊朗高原远至印度河，与印度孔雀王朝旃陀罗·笈多订立和约，转而西进小亚细亚。

公元前281年，塞琉古一世渡过赫勒斯滂（今达达尼尔海峡），企图攻占马其顿，同年被刺身亡。

塞琉古一世建立的塞琉古王国，与托勒密王国和马其顿王国共同形成希腊化三大王国。塞琉古王国发行的钱币是希腊钱币，主要是德拉克马银币。

古国条支

中国汉朝人称塞琉古王国为"条支"。

塞琉古王国鼎盛时期的版图包括小亚细亚大部分、叙利亚、巴勒斯坦、两河流域、伊朗高原大部分和中亚细亚一部分。公元前280年，塞琉古王国的国土面积达到350万平方千米，人口达到1030万。塞琉古王国的统治中心在叙利亚，都城是奥伦特河下游的安条克。

公元前2世纪初期，西方崛起的罗马共和国向东地中海扩张。公元前190年，罗马军队打败塞琉古军队，攻占了小亚细亚，塞琉古王国从此一蹶不振。公元前2世纪中叶，伊朗西部和两河流域出现了一些独立国家，不久又被安息王国（帕提亚王国）占领。巴勒斯坦也发生了犹太人起义。公元前2世纪末，塞琉古王国的领土只剩下叙利亚一带。

司马迁说：

条支在安息西数千里，临西海。暑湿。耕田，田稻。有大鸟，卵如甕。人众甚多，往往有小君长，而安息役属之，以为外国。

国善眩。安息长老传闻条枝有弱水、西王母，而未尝见。[①]

条支国在安息向西几千里的地方，临靠西海。天气酷热潮湿。耕田，种水稻。出产鸵鸟，鸟蛋有盛水的坛子那么大。条支国人口很多，有些地方往往有小君长，安息支配统治他们，把它看成是外围国。安息的国人善于玩魔术。安息长老传说条支有条弱水河，西王母住在那里，但没人看见过。

公元前 64 年，塞琉古王朝被罗马共和国消灭。罗马大将庞培将叙利亚并为罗马的一个行省。塞琉古王朝延续总计 241 年，历 30 个国王，其中有些国王是父子共治的。

希腊钱币

塞琉古王国制造和使用的钱币是希腊钱币，币文为古希腊文，钱币单位主要是德拉克马。

公元前 312 年，塞琉古将军就任巴比伦总督。公元前 305 年，塞琉古将军建立塞琉古王国，自立为王，史称塞琉古一世。塞琉古王国地处西亚，但属于希腊化王国。塞琉古一世发行的钱币，承袭希腊传统，主要是德拉克马银币，也有金币和铜币。

塞琉古将军四德拉克马银币，重 17.11 克，直径 25 毫米，公元前 312 年至公元前 300 年在巴比伦造币厂制造。钱币正面图

---

① 司马迁《史记》卷一百二十三《大宛列传》，中华书局 1959 年版，第 3163~3164 页。

案是希腊大力神赫拉克勒斯狮皮盔头像，没有币文；背面图案是宙斯一手持鹰一手持杖坐像，左前方有花环，币文横竖两行，下横行："ΒΑΣΙΛΕΩΣ"（国王），右竖行："ΑΛΕΣΑΝΔΡΟΥ"（亚历山大）。如图3-9所示。

图3-9 塞琉古将军四德拉克马银币

这是塞琉古将军任巴比伦总督时，使用亚历山大大帝名义打制的银币。[①]

与此同时，塞琉古将军还打制了金币。

塞琉古将军标准重量金币，重8.51克，直径17毫米，公元前312年至公元前300年在巴比伦造币厂制造，钱币正面图案是雅典娜科林斯盔头像；背面图案是双翼奈克女神一手持花环，一手持十字杖站像，左下方有花环，币文分左右两竖行，左行："ΒΑΣΙΛΕΩΣ"（国王），右行："ΑΛΕΣΑΝΔΡΟΥ"（亚历山大）。如图3-10所示。

图案中的雅典娜是希腊智慧女神。科林斯是古希腊城邦。科林斯盔的形状是护头、颊、鼻，只露眼睛和嘴的青铜头盔。奈克

---

① 李铁生：《古希腊币》，北京出版集团公司2013年版，第166页。

是希腊胜利女神。这种金币是塞琉古将军以亚历山大名义打制的，模仿了亚历山大时代的金币，其重量与波斯大流克金币基本一致。

图 3-10　塞琉古将军标准重量金币

与此同时，塞琉古将军成为国王之后还打制了铜币。

塞琉古一世四查柯铜币，重 7.02 克，直径 20 毫米，公元前 305 年至公元前 280 年制造。正面图案是蛇发女妖美杜莎头像；背面图案是公牛顶撞前行，币文分上下两横行，上行："ΒΑΣΙΛΕΩΣ"（国王），下行："ΣΕΛΕΥΚΟΥ"（塞琉古）。在希腊神话中，见到蛇发女妖美杜莎的人都要变成石头。如图 3-11 所示。

图 3-11　塞琉古一世四查柯铜币

银币减重

塞琉古一世建立的塞琉古王国，延续了 241 年，到他的后代安条克十三世统治时期，便在罗马军队的打击下灭亡了。

安条克十三世的青少年时期是在罗马度过的。公元前 69 年，亚美尼亚国王提格兰尼斯二世从叙利亚撤退后，罗马人将安条克十三世扶上塞琉古王国国王宝座。公元前 64 年，罗马大将庞培将塞琉古王国收编为罗马行省，塞琉古王国灭亡。

安条克十三世四德拉克马银币，重量 15.56 克，直径 30 毫米，公元前 69 年至公元前 65 年在安蒂奥克造币厂制造，银币正面图案是安条克十三世蓬发、束头带头像，没有币文；银币背面图案是树枝环内宙斯左手持权杖，右手捧着胜利女神奈克，奈克用花环为宙斯加冕，左右两竖行币文，左行："(B)AΣIΛ(EΩΣ)"（国王），右行："ANTIOX(OY)ΦIΛAΔEΛΦOY"（爱兄弟的安条克）。如图 3-12 所示。

图 3-12　安条克十三世四德拉克马银币

从公元前 305 年塞琉古一世建立塞琉古王国，至公元前 64 年安条克十三世亡国，塞琉古王国银币的重量呈现持续下降的态势。如下表所示。

塞琉古王国历代四德拉克马银币重量

序号	制币年代	重量（克）	直径（毫米）	国王名称
1	公元前 312 年至公元前 300 年	17.11	25	塞琉古一世
2	公元前 295 年至公元前 281 年	17.07	26	塞琉古一世
3	公元前 282 年至公元前 281 年	17.05	26	塞琉古一世
4	公元前 312 年至公元前 280 年	16.82	29	塞琉古一世
5	公元前 280 年至公元前 261 年	17.03	29	安条克一世
6	公元前 261 年至公元前 246 年	16.83	25	安条克二世
7	公元前 246 年至公元前 226 年	16.93	32	塞琉古二世
8	公元前 226 年至公元前 223 年	16.99	33	塞琉古三世
9	公元前 223 年至公元前 210 年	16.99	33	安条克三世
10	公元前 221 年至公元前 187 年	16.97	28	安条克三世
11	公元前 187 年至公元前 175 年	17.01	30	塞琉古四世
12	公元前 175 年至公元前 170 年	16.75	29	安条克四世
13	公元前 169 年至公元前 164 年	16.61	—	安条克四世
14	公元前 175 年至公元前 164 年	16.89	29	安条克四世
15	公元前 166 年	16.93	—	安条克四世
16	公元前 164 年至公元前 162 年	16.73	—	安条克五世
17	公元前 162 年至公元前 150 年	16.79	32	德米特里乌斯一世
18	公元前 150 年	16.81	33	亚历山大一世
19	公元前 149 年至公元前 148 年	14.14	28	亚历山大一世
20	公元前 143 年至公元前 142 年	16.80	31	安条克六世
21	公元前 138 年至公元前 129 年	16.55	31	安条克七世
22	公元前 121 年至公元前 113 年	16.66	29	安条克八世
23	公元前 128 年	16.58	—	安条克八世

序号	制币年代	重量（克）	直径（毫米）	国王名称
24	公元前 125 年至公元前 121 年	16.45	28	安条克八世
25	公元前 113 年至公元前 112 年	16.43	30	安条克九世
26	公元前 111 年至公元前 110 年	16.48	30	安条克九世
27	公元前 96 年至公元前 94 年	16.50	29	塞琉古六世
28	公元前 94 年至公元前 92 年	16.17	29	安条克十世
29	公元前 88 年至公元前 87 年	15.82	26	德米特里乌斯三世
30	公元前 98 年至公元前 83 年	15.72	—	腓力一世
31	公元前 84 年至公元前 83 年	15.81	—	安条克十二世
32	公元前 69 年至公元前 67 年	15.56	30	安条克十三世

与塞琉古一世发行的四德拉克马银币相比较，安条克十三世发行的四德拉克马银币重量明显下降，从 17.11 克降至 15.56 克，下降幅度为 9.1%；直径则明显上升，从 25 毫米升至 30 毫米，上升幅度为 20%。这说明，塞琉古王国发行银币采取逐步减重的政策，以节约白银，获取更多的铸币利益。为了使银币表面没有明显的缩小，朝廷将银币直径扩大，使银币变薄，来维持银币的价值和信用。

五

叙拉古城邦发行的各类钱币

叙拉古（SYRACUSE）位于地中海中央的西西里（SICILY）

岛东端，是古希腊殖民者建立的海港城邦。叙拉古的居民制造并使用古希腊钱币——德拉克马（DRACHMA）银币和德拉克马金币。此外，受迦太基（CARTHAGE）的影响，叙拉古的居民还制造和使用里特拉（LITRA）银币和里特拉金币。

早期银币

西西里岛是地中海中最大的岛屿，当地土著居民是西库尔（SICULI）人，集中在岛的西部赛杰斯塔（SEGESTA）。早在希腊人到来之前，北非迦太基殖民者就已经来到这里，在岛的西端西库尔人聚居地区进行开发。公元前734年，希腊殖民者到达西西里岛。他们避开迦太基人，在荒芜的东部建立了叙拉古城，与迦太基人形成东西对峙的局面。此后，叙拉古成为连接亚、非、欧三大洲经济贸易的重要港口。作为古代地中海的重要经济枢纽，叙拉古地区的货币经济十分发达。与其他的古希腊城邦一样，叙拉古主要使用德拉克马银币。

希腊殖民者来到西西里岛的时候，带来了白银称量货币，称量单位是德拉克马。在古希腊语中，德拉克马是"一把"的意思，是指一把麦粒的重量。公元前6世纪，金属称量货币转为金属数量货币，出现了重量1德拉克马的银币，德拉克马就兼具了重量单位和货币单位的双重含义。

古希腊各城邦德拉克马的重量是不同的。在小亚细亚半岛西部沿海的一些希腊城邦和临近的岛屿萨摩斯岛，1德拉克马的重量是3.33克；在希腊半岛阿提卡地区的雅典城邦，1德拉克马的重量是4.37克。叙拉古遵循雅典城邦的重量制度，1德拉克马的重量是 4.37 克。

这枚四德拉克马银币重量是 17.48 克（1 德拉克马等于 4.37克），生产于公元前 510 年至公元前 490 年，正面图案是驭手驾2 驾马车，上方有不清晰的币文地名 "ΣAPAQOΣION"；背面图案是 4 块风车式压印，中间有妇女头像。如图 3-13 所示。

图 3-13　叙拉古第一次民主时代的德拉克马银币

从这枚四德拉克马银币的重量看，1 德拉克马重量为：17.48克÷4=4.37 克，严格符合雅典城邦德拉克马的重量标准。

公元前 734 年至公元前 490 年是叙拉古的民主时代。上述银币是叙拉古民主时代制造的。公元前 490 年，暴君杰隆一世开始统治西西里岛的希腊地区。经历了杰隆一世、希伦一世和色拉希布鲁斯三位国王的独裁统治之后，叙拉古出现了第二次民主时代（公元前 465 年至公元前 405 年）。下面这枚银币是叙拉古第二次民主时代的产物。

这枚四德拉克马银币重量 17.29 克（1 德拉克马等于 4.32克），生产于公元前 465 年至公元前 460 年，正面图案是驭手驾4 驾马车，上方有飞翔的奈克胜利女神为驭手加冕，下方有海妖刻托斯；背面图案是阿瑞杜萨束头带头像，4 只海豚环游，围绕着阿瑞杜萨的币文是地名"ΣYPAKOΣION"。如图 3-14 所示。

图 3-14　叙拉古第二次民主时代的德拉克马银币

经历了数十年的发展，与第一次民主时代相比，第二次民主时代的德拉克马银币出现了微小的减重。

上述银币图案中的阿瑞杜萨是希腊神话中一位美丽的仙女，是太阳神阿波罗的孪生姐妹狩猎女神阿尔忒弥斯的随从，在河中洗澡时遇到河神，两人一见钟情。阿尔忒弥斯将阿瑞杜萨变成一股清泉，与河神会合相爱。因为叙拉古有着美丽的风光和泉水，所以希腊人在叙拉古城邦经常使用阿瑞杜萨的形象。

里特拉币

除了古希腊的重量单位德拉克马，西西里岛上的居民还采用迦太基的重量单位里特拉（LITRA），1 德拉克马等于 5 里特拉。如果说，1 德拉克马的理论重量是 4.37 克，那么 1 里特拉的重量就是 0.87 克。

以里特拉为单位的钱币有金币也有银币。

这枚十里特拉金币重量是 8.60 克，生产于公元前 406 年至公元前 405 年，正面图案是雅典娜戴盔面朝左头像，左前方反写币文是地名"ΣYPA"；背面图案是刻印着戈耳工正面头像的神盾。如图 3-15 所示。

图 3-15　十里特拉金币（公元前 406 至前 405 年）

戈耳工是蛇发女妖三姐妹——美杜莎和她的两个姐姐，无论谁见到她们都会变成石像。宙斯之子珀尔修斯背朝她们，用光亮的盾牌作镜子杀死了美杜莎，割下她的头颅交给雅典娜。雅典娜将美杜莎的头颅固定在自己胸甲中央抵御敌人。所以，戈耳工三姐妹的头像常被艺术家用在象征性的徽章、建筑的装饰物甚至雅典的钱币上，也曾用于士兵的盾牌上。人们相信，敌人看到盾牌上美杜莎的脸就会变成石像。

这枚十里特拉银币重量是 8.34 克，生产于公元前 215 年至公元前 214 年，正面图案是希伦尼姆斯国王束头带面朝左头像；背面图案是带翼霹雳，币文是"ΒΑΣΙΛΕΟΣ ΙΕΡΩΝΥΜΟΥ"（希伦尼姆斯国王）。如图 3-16 所示。

图 3-16 十里特拉银币（公元前 215 至前 214 年）

除了德拉克马和里特拉重量单位，叙拉古还使用古希腊斯塔特（STATER）标准金币单位（重量 8 克）和银币单位（重量 11 克）。

罗马入侵

公元前 3 世纪，罗马共和国的崛起引起了希腊各城邦的不安，巴尔干半岛上的伊庇鲁斯王国对罗马发动了战争。

公元前 280 年，伊庇鲁斯（今希腊西北部及阿尔巴尼亚南部）国王皮洛士率领 2 万步兵、3000 骑兵和 20 头战象攻入意大利，击败了罗马军团。罗马军团损失 7000 多人，皮洛士损失 4000 多人。公元前 279 年，两军再战，皮洛士又一次击败罗马军团。罗马军团损失 6000 多人，皮洛士损失 3500 多人。皮洛士说："如果我再胜利一次，我可能就没有军队了。"后人将这种胜利称为"皮洛士式胜利"，意为代价高昂的胜利。

皮洛士战争使罗马共和国和伊庇鲁斯王国双方都出现了大量的货币需求，双方不得不制造更多的货币用来支付战争费用。

　　自皮洛士战争时期以来，罗马一直在不间断地发行钱币。毋庸置疑，这些钱币很大程度上是为了支付罗马军队而生产的。[①]

　　皮洛士战争期间，叙拉古处于伊庇鲁斯王国统治之下。为了支持战争，叙拉古发行了银币，银币图案中出现了古希腊的战神——阿喀琉斯。

　　这枚二德拉克马银币重量是 8.42 克（1 德拉克马等于 4.21 克），生产于公元前 280 年至公元前 277 年，正面图案是阿喀琉斯戴头盔面朝左头像；背面图案是阿喀琉斯之母特提斯持盾骑于海马上。币文是"ΒΑΣΙΛΕ ΡΥΡΡΟ"（皮洛士国王）。如图 3-17 所示。

图 3-17　二德拉克马银币（公元前 280 至前 277 年）

　　伊庇鲁斯与罗马之间的战争是一场特别耗费资源的战争，罗马的青铜铸币阿斯出现了大幅度的减重。

　　不久，更大、更持久的战争爆发了。

　　这场战争发生在罗马与迦太基之间，导火索是争夺西西里岛

----

　　① 迈克尔·H. 克劳福德：《罗马共和国货币史》，张林译，法律出版社 2019 年版，第 47 页。

的东部地区。因为罗马人称迦太基人为布匿库斯（PUNICI），所以这场战争被称为布匿战争。此时，西西里岛的大部分地区属于迦太基统治地区，只有东部的叙拉古和麦散那属于希腊人统治地区。

公元前 288 年，叙拉古一支自称为"战神之子"的恐怖分子队伍攻入麦散那。叙拉古正规军前去麦散那进行围剿，战神之子引来迦太基的军队。迦太基的军队所向无敌，打败了叙拉古的军队，然后就驻扎下来不走了。公元前 264 年，战神之子转头求助罗马，请求罗马派兵赶走迦太基的军队。

如果迦太基占领了麦散那，他们就得到了进攻意大利的据点。因此，罗马派兵支援战神之子。于是，爆发了布匿战争。

战争促进了货币的发展，而货币在发展过程中不断减重。

布匿战争时期（公元前 264 年至公元前 212 年），罗马人打制了轮形纹饰的青铜币，这种青铜币的发行是为了支付罗马舰队的费用。战后，阿斯铜币的重量从最初的 347 克降至 200 多克。

罗马的青铜铸币发生了严重的减重。然而，叙拉古的银币和金币却没有受到战争的影响，重量基本保持稳定。因为，罗马的青铜铸币由国家垄断发行，依靠国家信用，罗马共和国可以对铜铸币进行减重，并使青铜铸币按照其名义价值继续行使货币职能。叙拉古的银币和金币是民间百姓制造的，依靠其本身金银的价值行使货币职能，不具备法律支持的减重能力，所以经历了如此耗费资源的战争之后，仍然保持含金量基本不变。

公元前 212 年，罗马军队攻陷叙拉古，将它变成了罗马的属地。罗马军人在这个城里烧杀抢掠，我们不知道罗马军人是否抓住了叙拉古的国王埃庇基得斯，但是知道他们在这里杀死了古代世界最伟大的科学家——阿基米德。

第四辑
古罗马

一

凯撒时代的货币状况

凯撒出生于公元前 100 年，死于公元前 44 年。

凯撒活跃在罗马共和国政坛的时代，被后世称为"将帅时代"。罗马的将帅时代由苏拉开创，凯撒将其推向极致，达到了罗马共和国军事独裁的顶峰。将帅时代处于罗马共和国晚期，是罗马共和国走向罗马帝国的转折时代。凯撒时代的货币大多不是在国家造币场制造，而是在将帅们的随军造币场制造的。

将帅时代

公元前 82 年，苏拉成为任期 3 年的独裁官，开启了罗马共和国的将帅时代。罗马共和国的将帅时代，一直延续到公元前 27 年，屋大维被尊为"奥古斯都"，罗马共和国转为罗马帝国。

早在公元前 107 年马略首任执政官时，苏拉就被任命为财务官。苏拉随马略渡海去阿非利加参加朱古达战争，立下了功劳，势力逐步上升。公元前 88 年，苏拉当选为执政官，娶大祭司之女为妻，结成新的政治联盟，成为贵族派的领袖。

苏拉借助罗马对外战争的机会，通过抽签获得军队指挥权，又借助国内两派政治力量火并的机会，消灭了政敌。苏拉用准备东征本都王国的 6 个军团进攻罗马，开创了罗马共和国军队攻打祖国的先例。苏拉攻陷罗马后，将自己的亲信安插进元老院。

公元前 87 年，苏拉率领军队东征本都王国。马略和秦纳趁机组织军队占领罗马。秦纳当选为执政官，禁止发行不断贬值的铜币，开始发行足值的银币。公元前 83 年，苏拉率领军队杀回罗马，颁布《公敌宣告》，大量杀害政敌。此后，马略和秦纳的余党继续与苏拉的军队进行战斗。公元前 82 年，苏拉成为任期 3 年的独裁官，以独裁手段应对国内动乱。公元前 79 年，苏拉任期届满，退出政坛，第二年去世。

将帅时代出现的第一种金币是在苏拉独裁时期发行的。

此时，1 罗马磅黄金的重量折合现代 327 克，可以打制 30 枚奥里斯金币。1 枚奥里斯金币的重量折合现代 10.90 克，扣除制造成本和铸币税，当时奥里斯金币的重量应该低于 10.90 克。

这枚奥里斯金币于公元前 82 年在苏拉随军造币场生产，重量为 10.72 克。金币正面是罗马女神双翼头盔肖像，头后币文 "PRO·Q（VAESTOR）"（副财政官），头前币文 "LMANLI（VS）（TORQUATVS）"［曼里乌斯（制币官）］；背面图案是苏拉驾四驾马车向右行进，上方是胜利女神维多利亚用月桂环为苏拉加冕，下方币文 "L·SVLLA·IM"（卢基乌斯·苏拉·最高统帅）。如图 4-1 所示。

图 4-1　1 奥里斯金币

此时，金币上并没有刻印苏拉的头部肖像。但是，币文中出现 "L·SVLLA·IM"（卢基乌斯·苏拉·最高统帅）。从此，将帅的名字和头衔开始出现在货币的币文中。

将帅钱币

公元前 78 年，苏拉去世，罗马共和国元老院的派系斗争却没有结束。公元前 73 年，斯巴达克斯起义爆发，克拉苏在镇压起义过程中崛起。此后，庞培在清剿西地中海海盗的战争中掌控了更多的军事权力，凯撒的势力也逐步形成。公元前 60 年，克拉苏、庞培和凯撒达成秘密协议，控制整个罗马，史称"前三头同盟"。他们发行的货币多是在随军造币场制造的。这些货币的币文中，大多有将帅的名字和头衔。庞培的货币上有庞培的名字和头衔。

这枚 1 狄纳里银币于公元前 49 年在庞培的随军造币场制造，重量 3.88 克。[①] 银币正面是朱庇特浓须束头带肖像，头后币

---

① 此时 1 罗马磅白银打制 84 枚狄纳里，1 枚狄纳里银币理论重量为 3.89 克。

文"（TERENTIVS）VARRO·PRO·Q"［副财政官瓦罗（制币官）］；背面图案是权杖两侧为海豚和站鹰，下方币文"MAGN（VS）·PRO·COS"（庞培大将·执政官）。如图 4-2 所示。

图 4-2　1 狄那里银币（公元前 49 年于庞培的随军造币厂制造）

货币正面用众神之王朱庇特形象，表示元老院曾授予庞培至高无上的权力；背面图案是纪念庞培的昔日战功，海豚表示庞培在海上剿灭海盗，站鹰表示庞培在陆地上打败本都王国的军队。这枚银币是庞培活着的时候制造的，正面没有庞培的头部肖像，只是在币文中出现庞培的名字和头衔。

凯撒的货币上有凯撒的名字和头衔。

这枚 1 狄纳里银币于公元前 47 年至公元前 46 年在凯撒的随军造币场生产，重量为 3.91 克。银币正面是维纳斯束头带肖像；背面图案是埃涅阿斯手持雅典娜雕像，肩背父亲安喀塞斯正面像，右侧币文"CAESAR"（凯撒）。如图 4-3 所示。

在罗马神话中，特洛伊战争之后，埃涅阿斯在维纳斯保佑下，将他的父亲安喀塞斯从大火中救出，逃到意大利半岛上的拉丁姆地区，成为罗马的祖先。

图4-3　1狄纳里银币（公元前47年至公元前46年在凯撒的随军造币场生产）

这枚银币是凯撒活着的时候制造的，正面没有凯撒的头部肖像，只是在币文中出现凯撒的名字。

将帅时代的货币，正面图案一般是神像。但是，其中也有例外。将帅死后被尊为神，罗马人打制追思币，正面图案可以是已故将帅的头部肖像。公元前48年8月，庞培与凯撒作战，在希腊法尔萨鲁斯战役中大败。9月，庞培逃亡埃及，被托勒密十三世的侍从刺杀。公元前46年，罗马人给庞培制造了追思币。在庞培的追思币上，出现了庞培的头部肖像。

这枚1狄纳里银币于公元前46年生产，重量为3.71克。银币正面是庞培的肖像，周围币文"GN·MAGNVS·IMP"（格涅乌斯·大将·最高统帅）[①]；背面图案是西班牙女神头戴城齿冠和庞培握手，庞培身后是船首，下方币文"MMINAT（IVS）SABIN P（RO）Q（VAESTOR）"［副财政官萨宾努斯（制币官）］。如图4-4所示。

---

① 庞培的全名：格涅乌斯·庞培·伟大的（GNAEVS·POMPEIVS·MAGNVS）。

图 4-4　1 狄纳里银币（公元前 46 年生产，3.71 克）

凯撒肖像

公元前 44 年 2 月，凯撒的头部肖像被刻印在货币上。

这枚 1 狄纳里银币于公元前 44 年 2 月开始生产，重量为 3.87 克。银币正面是凯撒披巾肖像，周围币文"DICT（ATOR）PERPETVS · CAESAR"（终身独裁官 · 凯撒）；背面图案是维纳斯手持权杖及维多利亚胜利女神站像，周围币文"P.SEPVILIVS M（A）CER"[塞普里乌斯（制币官）]。如图 4-5 所示。

图 4-5　1 狄纳里银币（公元前 44 年 2 月产，3.87 克）

凯撒作了终身独裁官，打破了罗马共和国的法律规定。同时，他将自己的肖像刻印在货币的正面，也是在挑战传统。过去，货币正面一般是神的肖像，或者是代表某些神圣概念的拟人像，只有死后被神化的人的肖像才会被刻印在追思币上。凯撒还活着，作为终身独裁者将自己的肖像刻印在货币上，显然是在挑战民主制度。一个月后，到了3月15日，凯撒被捍卫民主制度的元老们刺死。

公元前40年，"后三头同盟"时期，罗马人在罗马造币场给凯撒制造了追思币。

这枚1狄纳里银币于公元前40年在罗马造币场生产，重量为3.67克。银币正面是凯撒肖像，周围币文"DIVI·IVLI(VS)"（先圣·尤利亚）；背面图案是小公牛站像，上下方币文"QVOCON(IVS) VITVLVS"[沃克尼乌斯（制币官）]。如图4-6所示。

图4-6 1狄纳里银币（公元前40年在罗马造币场生产）

"前三头同盟"时期，战争扩大了对货币的需求，加快了货币的减重。此时，不仅阿斯铜币发生了减重，银币和金币也发生了减重，其中阿斯铜币的减重是潜移默化的，而银币和金币的减重则是通过法律制度进行的调整。

过去，法律规定1罗马磅白银打制72枚狄纳里银币，前三头同盟时期改为打制84枚狄纳里银币，1枚狄纳里银币的重量从折合现代4.54克降至3.89克。过去，法律规定1罗马磅黄金打制 30 枚奥里斯金币，前三头同盟时期改为打制 40 枚奥里斯金币，1 枚奥里斯金币的重量从折合现代 10.90 克降至 8.18 克。

此项制度经历了后三头同盟时期，直到罗马帝国尤利亚·克劳狄王朝晚期，尼禄实行货币改制时，才发生变化。

二

安东尼发行的蛇篮币

电影荧幕上，美艳绝伦的国际影后伊丽莎白·泰勒扮演的埃及艳后——克利奥派特拉将手伸进一个装着毒蛇的果篮，为了与安东尼的爱情，结束了年轻的生命。与此同时，威尼斯水街沿岸的古玩店里，兜售着赝品古代钱币——安东尼发行的"蛇篮币"（CISTA MYSTICA）。

政治联姻

安东尼先后娶过五个妻子，一个比一个厉害。安东尼发行的蛇篮币正面是他和他的第四任妻子屋大维娅的叠面肖像。这个屋大维娅正是罗马帝国的缔造者屋大维的姐姐。

公元前 44 年，罗马元老院的一些共和派元老们刺死凯撒，终结了前三头同盟以及凯撒的独裁。但是，亲凯撒派的人们采用武力反攻成功，迫使共和派逃出罗马。凯撒的接班人安东尼、凯撒的养子屋大维和罗马市政官骑兵司令雷必达三人结成后三头同盟，分割势力范围，统治整个罗马。在这个同盟中，安东尼接替了凯撒的政治地位，屋大维继承了凯撒的大部分财产并接收了凯撒的老兵。后三头同盟中，安东尼无论在资历和实力上都处于领先地位。于是，他效仿凯撒将自己的肖像刻印在钱币上。

公元前 40 年，为了加强与安东尼的政治联盟，屋大维把他的姐姐屋大维娅嫁给安东尼。公元前 39 年，安东尼在小亚细亚半岛的以弗所造币场生产了正面是他与屋大维娅两人叠面肖像的蛇篮币。

这种蛇篮币的币值为四德拉克马，采用白银制造，重量12.10 克，直径 27 毫米。蛇篮币正面是安东尼和屋大维娅叠面肖像，周围币文："M·ANTONIVS·IMP·COS DESIG ITER ET TERT"（玛尔库斯·安东尼·最高统帅·连任三届执政官）；背面的纹饰是两条大蛇竖立起来拱卫着蛇篮，蛇篮上方站着手持酒壶、依靠在藤杖上的酒神巴克斯，两侧币文："Ⅲ VIR·RPC"（治理共和国三巨头）。如图 4-7 所示。

图 4-7 安东尼发行的蛇篮币

酒神巴克斯（BACCHUS）就是希腊神话中的酒神狄奥尼索斯（DIONYSOS）。古希腊和古罗马都有酒神节，是民众狂欢的节日。蛇篮币上刻印酒神，喻义举国同庆。此时，安东尼与屋大维的关系很融洽，两人共同享受着政治胜利的喜悦。

公元前36年，安东尼与屋大维娅离婚，娶埃及女王克利奥派特拉为妻。安东尼与屋大维的政治联盟彻底破裂。公元前31年，屋大维在亚克兴海战中击败安东尼和克利奥派特拉的联合舰队。不久之后，安东尼和克利奥派特拉两人相继自杀。

蛇篮银币

在银币上刻印蛇篮图案，不是安东尼的发明，更与他的第四任妻子屋大维娅无关，与他的第五任妻子克利奥派特拉也没有关系。创立蛇篮币制度的人是古希腊帕加马城邦阿塔罗斯王朝的国王欧迈尼斯二世。

希腊化时期，小亚细亚半岛西北部有个古城名叫帕加马。帕加马王国的最后一个王朝是阿塔罗斯王朝（公元前282年至公元前128年）。公元前180年至公元前160年，欧迈尼斯二世国王统治时期，重量只有阿提卡标准三德拉克马的一种银币，取代了一直打制到那时的阿提卡标准的四德拉克马银币。这种银币的特点是，纹饰图案中有蛇从篮子里爬出来。在阿塔罗斯王国的领土内，这种三德拉克马重量的银币被当作四德拉克马银币使用，而且一同打制的还有其价值1/2的分币和价值1/4的分币。欧迈尼斯二世国王为了节约白银，创建了一个封闭的货币特区，依法强制名义价值相当于金属价值4/3的银币在这个与其他地区相隔离的区域内流通。

古希腊各城邦的德拉克马重量标准各不相同，对世界后世影响最大的是位于阿提卡地区的雅典城邦的重量标准，被后世称为阿提卡标准。古希腊阿提卡标准的德拉克马，作为重量单位折合现代大约 4.37 克。四德拉克马银币的重量，在理论上是 17.48 克，三德拉克马银币的重量，在理论上是 13.11 克。然而，将白银制造成银币，减去成本和铸币税，1 枚三德拉克马银币的重量大约是 12 克。但是，实际上的蛇篮币，往往都达不到这个重量。

总而言之，蛇篮币是重量只有三德拉克马却被当作四德拉克马使用的银币。此后，这种只有三德拉克马重量的银币被当作四德拉克马银币使用的方法逐步蔓延开来。从流通区域看，这种规则不再仅限于帕加马城邦，而是扩展到更为广泛的区域；从银币形制看，无论其有无蛇篮的图案纹饰，这种以三德拉克马重量标准制造的四德拉克马银币，广义地被称之为"蛇篮币"。

两面币文

安东尼发行的蛇篮币正面和背面都有币文：正面的币文是："M·ANTONIVS·IMP·COS DESIG ITER ET TERT"（玛尔库斯·安东尼·最高统帅·连任三届执政官）；背面的币文是："Ⅲ VIR·RPC"（治理共和国三巨头）。如图 4-8 所示。

罗马共和国时期，钱币上的图案大多是神像或神兽，以及少量的币文。罗马帝国时期，钱币正面往往是罗马元首或其夫人、亲人的肖像，背面多有拟人像，代表着某种崇尚或美德。在这些肖像和拟人像周围，往往写满文字，大多是罗马元首的名字、称号以及元首担任各种职务的届次。根据元首担任各种职务的届次，我们可以推算出钱币制造的具体年代。

图 4-8　安东尼发行的蛇篮币

罗马人的名字一般由本名（PRAENOMEN）、部族名（NOMEN）和家族名（COGNOMEN）三部分组成。

本名仅用于表示本人为罗马公民，并不重要，仅有 10 多个。例如，提比略（TIBERIUS）、玛尔库斯（MARCUS）、盖乌斯（GAIUS）等。

部族名代表源自同一地区的部族。例如，尤利乌斯（JULI-VS）、克劳狄乌斯（CLADIVS）等。

家族名原为先祖的特征绰号，逐步固定为家族的特称，同一部族分为不同的家族。元首为了表示其高贵血统来源和收养关系，全名中往往包括几个显赫的部族名和家族名。

古罗马人同名同姓普遍，所以采用全名中部分本名、部族名、家族名，甚至别名作为简称。例如，凯撒及其家族世袭王朝的各位元首的名字。

凯撒采用的是家族名；屋大维采用的是部族名；提比略采用的是本名；卡里古拉采用的是别名；克劳狄采用的是部族名；尼禄采用的是本名。

凯撒及其家族世袭王朝的各位元首的名字

全称	简称
盖乌斯·尤利乌斯·凯撒	凯撒
盖乌斯·屋大维乌斯·图里努斯	屋大维
提比略·克劳狄乌斯·尼禄	提比略
盖乌斯·尤利乌斯·日耳曼尼库斯·卡里古拉	卡里古拉
提比略·克劳狄乌斯·德鲁苏斯	克劳狄
尼禄·克劳狄乌斯·凯撒·德鲁苏斯·日耳曼尼库斯	尼禄

　　在安东尼发行的蛇篮币币文中，我们看到"M·ANTONI-VS"，其中"M"是指安东尼的本名"MARCUS"（玛尔库斯），"M"后面的"ANTONIVS"（安东尼乌斯）是安东尼的部族名。

　　币文中"IMP"（最高统帅）是"IMPERATOR"的缩写，本来是获得胜利的联军统帅的美称，罗马帝国出现之前已变成常设的军事最高统帅，后来演变成"皇帝"的概念。币文中"COS"（执政官）是"CONSUL"的缩写，罗马共和国的执政官是国家最高行政长官，由元老院提名、罗马人民大会批准产生，任期一年。

　　"DESIG"是"DESIGNATIO"的缩写，意思是选举。"ITER"是"ITERATUM"的缩写，意思是再一次。"ET"是"和"的意思，"TERT"是"TERIUM"的缩写，意思是第三次。"DESIG ITER ET TERT"便是"连续三次被选举为……"蛇篮币背面的币文是

"Ⅲ VIR·RPC"（治理共和国三巨头）。"Ⅲ"是罗马数字"三"。"VIR"的意思是伟人。"RPC"的意思是共和国。

安东尼连续第三次任职罗马执政官的时间是公元前39年。因此，安东尼发行的这种蛇篮币的时间是公元前39年。

三

罗马元老院批准制造的铜币

公元前27年，屋大维被罗马元老院尊为奥古斯都，成为罗马唯一的统治者，罗马共和国转变为罗马帝国。

作为罗马帝国的元首，屋大维获得了原属于国家政府的铜币垄断制造权。但是，在屋大维制造的铜币上，都刻印了"SC"（元老院批准）的币文，如图4-9所示。为什么屋大维要在铜币上刻印这样的币文，其中缘由，要从罗马王政时期的青铜称量货币说起。

图4-9 屋大维制造的铜币

称量货币

罗马王政时期的货币是青铜称量货币，所用的称量单位是一个古老的重量单位——阿斯（AS）。公元前509年，罗马人民推翻了国王小塔克文的残暴统治，结束了王政时期，建立了罗马共和国。此时，希腊人在意大利半岛上已经建立了许多城邦，他们开始使用德拉克马银币。来自东方的埃特鲁里亚人，也已经开始使用努米银币。而意大利本土居民依旧使用青铜称量货币。

据说，罗马王政时期，青铜称量货币阿斯已经被罗马人广泛使用。提图斯·李维在《自建城以来》中讲道：

他从拥有十万或十万以上阿斯的人中组成八十个百人队。[①]

罗马王政时期的第六任国王塞尔维乌斯在全国范围做了一次人口和财产的普查，按照财产多寡将居民分为6个等级，根据不同等级给予居民不同的政治权利和不同的军事职务。财产在10万阿斯以上的居民为第一等级，有资格参加百人队军事组织。

首先是一次著名的改革，改革的内容就是在于规定财产的资格，在于依靠财产资格，不论所属的等级而来分配政治权利和军事职务。[②]

罗马共和国时期的《十二铜表法》（大约制定于公元前451

① ［古罗马］李维：《自建城以来》，王焕生译，中国政法大学出版社，2009年版，第49页。

② ［苏联］科瓦略夫：《古代罗马史》，王以铸译，生活·读书·新知三联书店，1957年版，第65页。

年至公元前 450 年）也记载了阿斯被用来作为罚赎计量的工具：

> 蓄意采伐他人树木的犯罪者，每棵处以二十五阿斯的罚金。[①]

这个条文只是普林尼在《自然史》中讲到的事情，考古并没有发现《十二铜表法》的存在。目前，根据各种资料记载汇总的《十二铜表法》的内容共有 104 条，其中 9 处使用了货币，用于诉讼保证金、罚赎等，货币单位不仅有阿斯，还有塞斯特提。但是，当时的阿斯和塞斯特提都是重量单位，2.5 个阿斯等于 1 个塞斯特提，铜金属尚处于称量货币形态。

铜币减重

青铜称量货币制度下，青铜按照实测重量进行交易，没有减重问题。当青铜称量货币转变为青铜数量货币时，阿斯便从重量单位转变为货币单位，青铜数量货币的重量就开始脱离过去的重量标准，进入持续下降的过程。

罗马共和国青铜数量货币的减重，可以分为两个阶段。

第一阶段，自公元前 289 年罗马共和国始铸青铜数量货币，至公元前 211 年罗马共和国建立狄纳里银币制度。

公元前 289 年，罗马共和国开始由国家垄断铸造青铜数量货币，青铜数量货币单位与青铜称量货币单位一样，依旧使用"阿斯"名称。这种青铜数量货币，我们称之为"阿斯铜币"，重量

[①] 《世界著名法典汉译丛书》《十二铜表法》，法律出版社，2000 年版，第 38 页。

是 1 罗马磅或者 12 盎司。阿斯铜币体系中，有"半阿斯""1/3 阿斯""1/6 阿斯""1/12 阿斯"等。据考证，当时 1 罗马磅或者 1 阿斯的重量折合现代 327 克。至公元前 211 年，阿斯铜币流通了 78 年。在此期间，阿斯铜币的重量从最初的 327 克降至 54.5 克，只剩下原来重量的 16.7%。为什么阿斯铜币的重量出现了如此大幅度的下降，原因是发生了战争，罗马共和国政府需要采用虚币敛财的方式获得军费的来源。

公元前 280 年，罗马共和国始铸阿斯铜币仅仅 9 年，就爆发了皮洛士战争。这是一场非常耗费资源的战争。

自皮洛士战争时期以来，罗马一直在不间断地发行钱币。毋庸置疑，这些钱币很大程度上是为了支付罗马军队而生产的。[①]

十几年后，到了公元前 264 年，第一次布匿战争爆发，罗马人铸造了轮形纹饰的阿斯铜币，这种阿斯铜币的发行是为了支付罗马舰队的费用。战后，阿斯铜币虽然发生了减重，但其重量仍然能够达到 200 多克。

公元前 218 年，迦太基名将汉尼拔攻打罗马，第二次布匿战争爆发。公元前 216 年，罗马军队在坎尼战役中惨败。公元前 215 年，罗马扩军备战，加征公民税。

第二阶段，阿斯铜币发生了更大幅度的减重。

---

① 迈克尔·H.克劳福德：《罗马共和国货币史》，张林译，法律出版社，2019 年版，第 47 页。

与此同时，青铜铸币的重量标准也经历了一系列变化。毋庸置疑，战争爆发时 1 阿斯理论上仍重 10 盎司，但实际操作中会少于 10 盎司。起初，重量标准减到原标准的 1/2，亦即理论上 1 阿斯变成 6 盎司，然后降低至 1/3，最后到 1/4。考虑到这段时期罗马钱币的整体年表，我认为标准重量减半最合理的时间是公元前 217 年。[1]

迈克尔·H.克劳福德认为阿斯铜币的标准重量在公元前 217 年减到 6 盎司，此后很快又减到 4 盎司、3 盎司。

公元前 211 年，罗马共和国建立了狄纳里银币制度。战争如此费钱，以致铜币这种贱金属不方便来支付军事费用开支，罗马共和国不得不采用银币来支付军事费用开支。与此同时，罗马共和国建立起一整套全新的铜币体系。该体系基于塞克斯坦标准，即 1 阿斯的重量只有 2 盎司，或者 1/6 罗马磅。

自公元前 289 年至公元前 211 年的总计 78 年的时间里，1 阿斯铜币的重量从 12 盎司降到 2 盎司，即从 327 克降至 54.5 克，降幅为 83.3%，平均每 10 年降幅超过 10%。

币文标识

自公元前 211 年至公元前 27 年的总计 184 年期间，是阿斯铜币减重的第二阶段。

---

① 迈克尔·H.克劳福德：《罗马共和国货币史》，张林译，法律出版社，2019 年版，第 67 页。

屋大维制造的铜币，以及他的家族世袭王朝——尤利亚·克劳狄王朝制造的铜币，除了个别例外，都刻印了"SC"（元老院批准）的币文标识，如图4-3所示。但是，与此同时，屋大维及其家族世袭王朝制造的银币，却没有刻印"SC"（元老院批准）的币文标识。

图4-10　屋大维制造的铜币

制造铜币需要元老院的批准，制造银币不需要元老院的批准。这说明，铜币和银币已经成为两种不同性质的货币。铜币是信用货币，是虚币；银币是金属货币，是实币。

自公元前211年至公元前27年的总共184年期间，阿斯铜币的重量从54.5克降至11克左右，减少了43.5克，减重幅度为79.8%，其金属含量大幅度减少，信用性质大幅度增加。因此，阿斯铜币已经从实币转变为虚币，是不足值的信用货币。

然而，同期的银币却很少减重。公元前211年，罗马共和国始铸狄纳里银币，法定重量为1/72罗马磅，即1枚狄纳里银币的重量为4.54克，法定兑换10枚阿斯铜币。到了公元前27年，狄纳里银币的重量法定为1/84罗马磅，即1枚狄纳里银币的重量为3.89克，法定仍然兑换10枚阿斯铜币。在过去的184年期间，银币重量标准减少了 0.65 克，减重幅度为 14.3%；铜币重量减少了 43.5 克，减重幅度为 79.8%。铜币的减重幅度与银币的减重幅度相差悬殊，但是 1 枚狄纳里银币兑换 10 枚阿斯铜币的法定兑换比例却没有改变。

阿斯铜币是信用货币，是虚币，为什么还能按照其名义价值进入流通？这里的原因是罗马共和国政府将铜币指定为纳税货币。同时，元老院代表国家垄断了铜币的制造权。元老院使用越来越少的铜材，制造出越来越多的铜币。尽管阿斯铜币越来越小，百姓仍然可以按照其名义价值向国家缴纳税赋。特别是在战争期间，元老院对阿斯铜币采取了大幅度减重的措施，制造铜币所获得的利益就用来支付军事费用开支。

屋大维获得了垄断制币权，要百姓接受他所制造的铜币，就需要获得元老院的批准，以便百姓持有这些不足值的铜币可以用来按照其名义价值向国家缴纳税赋。而银币属于金属货币，罗马共和国时期分散在民间制造，依靠其本身的金属价值行使价值尺度和流通手段的货币职能，所以很少发生减重。屋大维依照 1 罗马磅白银制造 84 枚狄纳里银币的传统制造银币，使其仍然能够依靠本身白银价值发挥货币职能，所以不需要元老院的批准，百姓亦可接受使用。

尤利亚·克劳狄王朝期间，银币被元首垄断制造，从而具备了减重的能力，从此如同铜币一样进入了持续减重的过程。到了尼禄统治时期，银币出现了明显的减重，尼禄便在银币上开始刻印"EX SC"（根据元老院批准）的币文标识，以保障百姓能够接受使用。

四

提比略铜币上的戳记

罗马帝国的出现，使罗马统治的版图得以扩张，商品交易获得更广泛的市场，钱币经济也随之出现快速发展。越来越多的百姓开始使用铜币。铜币流通更多地替代着金、银币的流通。不久，铜币供应出现短缺，帝国政府不得不在废弃的旧铜币上加盖戳记，以支持旧铜币按照戳记授予的价值流通使用，用来补充市场上铜币供应的不足。

世袭元首

罗马古币中，有些铜币被打上了戳记。这些铜币多数是尤利亚·克劳狄王朝第二任元首提比略执政时期流通的阿斯铜币。

在帝国钱币上盖上戳记或标记是有限制的，这项操作基本上只针对铜币；戳记主要是在阿斯币上，并且主要集中在尤利亚·克劳狄王朝时期的钱币上。[①]

屋大维在罗马共和国的基础上建立了以元首制为核心的罗马

---

① ［英］R.A.G. 卡森：《罗马帝国货币史》，田圆译，法律出版社 2018 年版，第 571 页。

帝国。他的继子兼女婿提比略则在实践上使罗马帝国成为父传子的家族世袭王朝。罗马帝国的统治者是元首，这个元首在名义上仍然是元老院和人民大会批准。但实际上，在军事独裁体制下，元老院和人民大会关于元首选任方面的权力已经名存实亡。

提比略继任罗马帝国元首，可谓一波几折、艰难坎坷，困难不是来自元老院或人民大会，而是来自他的前任屋大维。因为，提比略并不是屋大维的亲生儿子，而是继子。

屋大维只有一个独生女儿——第二任妻子生的尤利娅。屋大维的第三任妻子莉薇娅为他带来两个前夫之子。屋大维与莉薇娅结婚时，莉薇娅带着前夫之子提比略，肚里怀着前夫之子德鲁苏斯。为了把元首的位子留给有血缘关系的子孙，屋大维费尽了心机。他先是把独生女儿嫁给自己的外甥玛尔·凯鲁斯，希望生下外孙作为元首继承人。不料，公元前23年，玛尔·凯鲁斯被毒死了。玛尔·凯鲁斯英年早逝，使屋大维的算计落了空。于是，屋大维让自己的童年好友阿格里帕将军与玛尔·凯鲁斯的姐姐玛尔·凯拉离婚，娶尤利娅为妻。屋大维的目的达到了，尤利娅与阿格里帕生了五个孩子。屋大维花钱买了其中两个男孩作为养子，培养他们作为继承人。后来，阿格里帕去世了。屋大维让提比略与阿格里帕的前妻之女离婚，娶尤利娅为妻。提比略与年轻的妻子离婚，娶了岳父的遗孀，自然很不开心。屋大维去世前，两个外孙兼养子都莫名其妙地死了，提比略就成为屋大维的继承人。此时，罗马发行了提比略具有凯撒头衔的铜币，凯撒头衔的意思类同于中国古代的皇太子。

这枚1阿斯铜币于公元13年至公元14年在卢格都诺姆造币

场生产，重量 11.02 克。铜币正面是提比略月桂冠面朝右肖像，周围币文："TI·CAESAR·AVGVST F·IMPERAT Ⅶ"（提比略·凯撒·奥古斯都之子·七届最高统帅）；背面的纹饰是卢格都诺姆祭坛，祭坛两侧立柱上有维多利亚胜利女神，祭坛正面中央为公民冠，两侧为月桂树和男人像，下方币文 "ROM ET LVG"（罗马和卢格都诺姆）。如图 4-11 所示。

图 4-11　1 阿斯铜币

戳记文字

尤利亚·克劳狄王朝时期，铜币上加盖戳记原本是为了让旧铜币能够继续流通使用。大部分戳记都是由帝国机关加盖。帝国加盖的这一部分中，最常见的就是提比略时期发行的阿斯铜币，戳记文字"IMP AV[G] TI[B] AV[G]"（最高统帅·奥古斯都·提比略·奥古斯都），或者是缩写名号"TIB IM[P]"（提比略·最高统帅）。这些戳记常常以连体形式出现。

IMP 是 IMPERATOR 的缩写，意思是最高统帅。凯撒被推举为终身独裁官的时候，被元老院和人民大会授予了许多官职，其中一项就是最高统帅。凯撒喜欢用这一职务作为自己的代称，表明他的独裁统治是军事独裁。这个职务原本是联军的首领，后世逐步将其用作类似皇帝的称号。

AV 是 AVGVSTVS 的缩写，即"奥古斯都"。公元前 27 年 1 月 16 日，屋大维被罗马元老院授予"奥古斯都"称号。奥古斯都并不是"王"或者"皇帝"的意思，而是含有神圣、庄严、伟大等令人尊敬的并带有宗教色彩这个词。屋大维很满意这个称号，因为这个称号既可以显示他至高无上的地位，又不像"王""独裁者""神"等称号那样引起元老院共和分子的不满和攻击。从此，屋大维便以奥古斯都的名誉创建了元首制。后世人们将屋大维获得奥古斯都称号看作罗马共和国的结束和罗马帝国的开始。

提比略的政府在旧铜币上加盖戳记，并不是为了虚币敛财，而是因为小额铜币稀少，不敷使用，所以才使用这种办法，以保证出现磨损的旧铜币能够继续流通。为了这个目的，提比略的政府甚至在大额铜币上加盖小额铜币戳记，使大额铜币按照小额铜币的价值流通。譬如，在塞斯特提上加盖"DVP[ONDIVS]"（都蓬第）；或在都蓬第上加盖"AS"（阿斯）。小额铜币的匮乏，原因是公元 10 年前的一个时期，屋大维没有制造铜币。

克劳狄统治时期，铜币仍然不敷使用，所以有大量加盖克劳狄名字的铜币进入流通。到了尼禄时期，罗马大量制造铜币，小额铜币稀缺的问题得以解决。公元 62 年之后，人们很少在铜币上所加盖戳记。进入弗拉维王朝[①]之后，铜币的生产和发行都趋于稳定，在铜币上加盖戳记来解决铜币短缺的情形不再发生。

---

① 弗拉维王朝：罗马帝国的第二王朝，继尤利亚·克劳狄王朝之后的罗马帝国王朝。

塞斯特提

罗马帝国铜币的基本单位是阿斯，常用单位却是塞斯特提。

提比略执政期间，在塞斯特提旧铜币上加盖都蓬第戳记，在都蓬第旧铜币上加盖阿斯戳记，都是以大额铜币充作小额铜币使用。

塞斯特提（SESTERTIUS）的拉丁文由"SEMI"（1/2）的字头"SE"和"TERTIUS"（第三）组成，意思第三个是半个。第三个是半个暗含的意思是前两个不是半个，而是整个。那么，全部的意思就是两个整个加上半个，即2.5枚阿斯铜币。1枚塞斯特提铜币等于2.5枚阿斯铜币。

都蓬第[DUPONDIUS]的拉丁文由"DUO"（2）的字头"DU"和"PONDIUS"（重量）组成，意思是两倍重量的阿斯铜币。1枚都蓬第铜币等于2枚阿斯铜币。

尤利亚·克劳狄王朝期间，主要使用的铜币是塞斯特提。苏维托尼撰写的《十二帝王传》中，提到使用铜币的事情时，全部都是使用赛斯特提，没有使用阿斯的情形，也没有使用奥里斯金币或狄纳里银币的情形。苏维托尼是罗马帝国初期的历史学家，出生于公元70年前后，目睹了罗马帝国初期的社会生活。苏维托尼著作中所述的社会生活情形应可采信。

提比略时期，已经有黄铜塞斯特提，1枚黄铜塞斯特提等于4枚阿斯，同时也有青铜塞斯特提，1枚青铜塞斯特提等于2.5枚阿斯。

这枚1塞斯特提青铜币于公元23年生产，重量为26.79克，折合每阿斯10.72克。铜币正面是幼年的小日耳曼尼库斯和杰梅卢斯对面坐在交叉的丰饶角内，中间是双翼传令杖；背面两个大字"SC"（元老院批准），周围币文"DRVSVS·CAESAR·TI AVG F·DIVI AVG N·PONT·TRPOT Ⅱ"（德鲁苏斯·凯撒·提比略奥古斯都之子·先圣奥古斯都之孙·祭司·二届保民官）。如图4-12所示。

图4-12　1塞斯特提青铜币

提比略与阿格里帕的女儿结婚，生了小德鲁苏斯，后来娶了阿格里帕的遗孀，没有再生育。这枚1塞斯特提青铜币是为提比略的儿子小德鲁苏斯制造的。钱币正面图案中的两个男孩是小德鲁苏斯的一对孪生子。小德鲁苏斯作为提比略的继承人，有了凯撒的称号，就发行了这枚铜币。

除了使用赛斯特提铜币，提比略统治时期，人们还使用比阿斯更小的铜币。譬如塞米斯、夸德伦和盎司。

塞米斯（SEMIS）的拉丁文"SEMI"（1/2），意思是半个。1枚塞米斯铜币等于半枚阿斯铜币。夸德伦 [QUADRANS] 的拉丁文"QUADRA"（1/4），意思是1/4。1枚夸德伦铜币等于1/4枚阿斯铜币。盎司（UNCIA）的拉丁文"UNCIA"（1/12），意思是1/12。1枚盎司铜币等于1/12枚阿斯铜币。

小额铜币被广泛使用，说明货币经济进入人民大众的日常生活。

提比略统治时期，阿斯铜币的重量已经从最初的 12 盎司降至 0.5 盎司，即从 327 克降至 13.63 克。当然，13.63 克只是个理论上的重量，此时阿斯铜币的实际重量只有 11 克左右。在过去的二百多年里，阿斯铜币的重量已经下降到原来重量的 1/24。

五

尼禄的货币改制

公元 23 年，中国西汉末年新朝皇帝王莽在连续实行四次大规模货币改制之后，被起义军斩杀于渐台。14 年后，遥远西方罗马帝国的贵妇小阿格里皮娜生了一个儿子，起名尼禄。尼禄 16 岁成为罗马帝国的元首，后来在罗马实行货币改制。与王莽一样，尼禄在货币改制之后也遭到叛军的攻击。在万般无奈、走投无路的情况下，尼禄选择了自刎，结束了罗马帝国的第一王朝——尤利亚·克劳狄王朝。

尼禄其人

凯撒的养子屋大维创立了罗马帝国，实行独裁统治，被人们尊称为"奥古斯都"。屋大维与著名政客提比略·克劳狄·尼禄的妻子莉微娅相遇，一见钟情，立刻各自与原配离婚，两人举行了婚礼。莉微娅带来一个儿子提比略，还有一个即将出生的儿子德鲁苏斯，这两个儿子就成为屋大维的继子。后来，屋大维将寡居在家的独生女儿尤利娅嫁给继子提比略。

公元14年，屋大维去世，提比略被罗马人拥立即位。

公元37年，提比略去世，德鲁苏斯的孙子盖乌斯即位。盖乌斯更为人们熟知的名字是卡里古拉。盖乌斯的父亲是德鲁苏斯的儿子日耳曼尼库斯，母亲是尤利娅的女儿阿格里皮娜，妹妹就是小阿格里皮娜。

公元41年，近卫军杀死了盖乌斯，拥立克劳狄即位。克劳狄是德鲁苏斯的儿子、盖乌斯的叔叔。克劳狄即位后，娶侄女小阿格里皮娜为妻。

小阿格里皮娜有着非常复杂的婚史，嫁给她的叔叔克劳狄之前，与她的哥哥盖乌斯有着混乱的关系，后来还嫁过两任丈夫，生过一个儿子，就是尼禄。

公元54年，小阿格里皮娜毒死克劳狄，让她的前夫之子尼禄即位。公元59年，尼禄派人杀死了他的母亲小阿格里皮娜。不久，尼禄又杀死了自己的妻子——克劳狄的女儿屋大维娅。据说，尼禄身披婚纱扮作新娘正式嫁给了一个名叫毕达哥拉斯的男人为妻。

如此荒唐的君主却有着超人的艺术天赋。尼禄是个天生的歌唱家、舞蹈家甚至马术高手，他到处参加歌唱、舞蹈和马车比赛。

公元64年，罗马城被大火焚毁，尼禄诬陷基督徒放火。大量基督徒被披上野兽皮，让狗撕咬而死。有的基督徒被钉在十字架上，天黑时被火点燃，当作照明灯活活烧死。

因为阴谋推翻尼禄而被判处死刑的将军佛拉乌斯，在回答尼禄为何忘记他所发下的忠君誓言时说道："因为我恨你。当你值得受人们的爱戴的时候，全军的人对你都是同样忠诚的。但是当你杀死你的母亲和妻子的时候，当你变成一个驾着马车赛马的家伙、一个优伶、一个纵火犯的时候，我就开始恨你了。"

大火之后，尼禄横征暴敛，搜刮民财，重建罗马城。尼禄搜刮民财的办法很多，其中包括采用货币改制敛财的方式。

货币改制

罗马帝国时期，1 罗马磅重量折合现代 327 克。罗马金币奥里斯（AUREUS）的重量是 1/40 罗马磅，折合现代大约 8.18 克。罗马银币狄纳里（DENARRIUS）的重量是 1/84 罗马磅，折合现代大约 3.89 克。

屋大维时期，1 磅黄金可以打制出 40 枚奥里斯金币。提比略时期，1 磅黄金可以打制出 42 枚奥里斯金币。到了尼禄早期，1 磅黄金可以打制出 43 枚奥里斯金币。屋大维时期，1 磅白银可以打制出 84 枚狄纳里银币。提比略时期，1 磅白银可以打制出 85 枚狄纳里银币。到了尼禄早期，1 磅白银可以打制出 89 枚狄纳里银币。

公元 64 年，大火烧毁了罗马城。为了筹集资金重建罗马城，尼禄施行货币改制，同时加大对全国人民的税赋。

尼禄时期，奥里斯金币和狄纳里银币都已经出现了明显的减重。但是，从法律的角度看，奥里斯金币和狄纳里银币的法定重量并没有发生变化。尼禄的货币改制改变了奥里斯金币和狄纳里银币的法定重量。尼禄施行货币改制后的货币重量标准是 1 磅黄金打制 45 枚奥里斯金币，1 枚奥里斯金币的法定重量折合现代大约 7.27 克，比原来的法定重量下降了 11.12%；1 磅白银打制 96 枚狄纳里银币，1 枚狄纳里银币的法定重量折合现代大约 3.41 克，比原来的法定重量下降 12.34%。

尼禄施行的货币改制，从法定标准上将奥里斯金币和狄纳里银币的重量都下降了百分之十几。但是，由于尼禄的货币改制所引起的奥里斯金币和狄纳里银币重量的实际下降幅度却没有那么大。尼禄早期，奥里斯金币的实际重量已经降至 7.60 克，尼禄将其继续下降至 7.27 克，下降幅度只有 4.34%。尼禄早期，狄纳里银币的实际重量已经下降至 3.67 克，尼禄将其继续下降至 3.41 克，下降幅度只有 7.08%。尼禄时期的金币、银币如图 4-13、图 4-14 所示。

图 4-13　尼禄时期的金币

图 4-14　尼禄时期的银币

无论如何，尼禄的货币改制具有从民间敛财的性质。尼禄的货币改制使百姓的货币资产发生了一定程度的缩水。尼禄掠夺了百姓，百姓要起来造反了。

🐉 西方王莽

尼禄与王莽一样，为了从百姓那里敛财，都实行了货币改制，因此都在叛乱战争中失去了生命。可以说，尼禄是西方的王莽。但是，尼禄与王莽也有不同，尼禄掠夺百姓的程度远远不如王莽。

公元 7 年，王莽实行第一次货币改制，发行"大钱五十"，每枚重量 12 铢。王莽用 12 铢青铜制造的大钱，换取百姓 50 枚总重 250 铢的五铢钱，使百姓货币资产骤然缩水 95.2%，几乎倾家荡产。公元 9 年，王莽实行第二次货币改制，强制推行大钱，搞得农商失业，食货俱废，民人至涕泣于市道。公元 10 年，王莽实行第三次货币改制，名曰"宝货制"，有五物六名二十八品，货币体系复杂得不得了。28 种货币之间的法定比价，更是逻辑关系混乱，百姓不能使用。王莽采用严刑重罚来推动宝货制的实施，无数百姓因此入狱受刑。公元 14 年，王莽实行第四次货币改制，发行"货泉"和"货布"。一枚货布兑换 25 枚货泉。货泉重量 5 铢，法定兑换 50 枚总重 250 克的五铢钱，百姓原有的五铢钱就缩水 98%。富人货币财产损失 98%，尚有饭吃；穷人货币财产损失 98%，就活不下去了，只好举旗造反。

公元 15 年，起义军骤起，王莽派军队前往剿杀。起义军越剿越多，赤眉、绿林起义相继发生，声势浩大，蔓延全国。公元 23 年，起义军攻入长安，王莽逃到渐台。起义军将领杜吴斩杀王莽，将其头颅割下，身体肢解。

尼禄的货币改制对百姓有一定的剥夺，但其程度远远不如王莽那样残酷巨大，却也引起百姓同样的愤恨。除了掠夺百姓，更遭罗马人民痛恨的是，据说尼禄放火烧毁了他们的家园——罗马城。

大火过后，尼禄在大片被毁地区建起新的巨大宫殿，取名金宫。金宫的入口处，耸立着30米高的尼禄铜像，从而加深了百姓关于尼禄放火的疑心。

尼禄采用货币改制的方法剥夺百姓，并且还大幅度地增加了税赋。百姓对尼禄表示不满，尼禄便以残酷的屠杀来镇压人民，终于引发了各行省的反抗。

就在这样一个万分紧急的局势下，尼禄离开罗马去希腊进行长时间的艺术和戏剧表演旅行。希腊人对尼禄的演出给予高度的赞扬，为了回报这些赞扬，尼禄豁免了希腊人的税赋。这时，各行省总督和军事统帅们都在秘密策划举兵造反。

公元68年，尼禄回到罗马，军人叛乱爆发了。元老院支持军人们的叛乱，宣布判处尼禄死刑。很快，近卫军也抛弃了尼禄。于是，尼禄在秘书的帮助下，使用匕首自刎。

尼禄死前痛哭流涕，反反复复地唠叨着："一个多么伟大的艺术家就要死了！"

第五辑
古诸国

古埃及的重量单位和钱币流通

埃及是世界四大文明古国之一，位于北非东部，地中海南岸，与小亚细亚半岛隔海相望。公元前 3200 年，美尼斯建立了古埃及第一王朝。这个王朝的性质并不是中央集权、君主专制的国家，而是城邦。此时的古埃及已经出现了普遍使用的重量单位"班加"（BEQA）。白银以班加为单位，作为称量货币开始在古埃及的商品交换中发挥价值尺度和流通手段的货币职能。公元前 6 世纪，波斯帝国的军队攻入埃及。在波斯帝国的统治下，埃及开始制造和使用希腊化钱币——德拉克马银币。公元前 4 世纪末，马其顿国王亚历山大攻占埃及后，埃及转为托勒密王国，希腊钱币更加名正言顺地成为埃及的主要流通钱币。

重量单位

古埃及出现重量单位"班加"的时间在公元前 3800 年前后。根据对出土的一套总计 40 班加的砝码进行测量，总重量 498.6 克，1 班加重量大约为 12.5 克。

此后，班加的重量标准发生过多次变化，在 12.3 克至 14.0 克波动。据说，班加代表的重量是 256 颗麦粒。256 这个数字是二进制的产物，用 1 乘以 2，再乘以 2，再乘以 2……一路乘下去，便得到 256 这个数字。由于农业生产年景不同，麦粒时大时小，班加的标准重量便时有变化，围绕着 12.5 克上下波动。

班加是用于称量贵金属的称量单位，此时埃及主要的贵金属是白银。埃及与小亚细亚沿地中海诸城邦有着密切的海上贸易，双方都已经开始采用白银称量货币。

公元前 1550 年左右，埃及开始使用第二种重量单位。这种重量单位被称为"得本"（DEBEN），主要用来衡量除贵金属之外的其他商品。1 得本的重量折合现代 90 克左右。

公元前 526 年，波斯帝国的国王冈比西斯二世率军进攻埃及。第二年，波斯军队攻占孟菲斯，俘虏埃及法老普萨美提克三世，结束了埃及第 26 王朝。

波斯人在埃及建立了新的王朝，史称埃及第 27 王朝，也称埃及第一波斯王朝。这时候，埃及的重量单位"班加"与波斯帝国的重量单位"弥那"接轨，40 班加等于 1 弥那。1 弥那重量折合现代 500 克，1 班加重量为 500 克 ÷40=12.5 克。波斯帝国的弥那重量标准和埃及的班加重量标准都没有发生变化，双方就 1 弥那等于 40 班加的比率实现了无缝对接。

制度接轨

埃及成为波斯帝国的一个行省，继续使用白银称量货币，每年向波斯帝国进贡白银。所以，埃及需要在自己的重量单位班加与波斯帝国的重量单位弥那之间建立明确的兑换比率。如上所述，两种重量制度的关系是 1 弥那等于 40 班加。

　　根据双方约定，埃及每年按照波斯帝国的重量标准向波斯帝国缴纳 700 他连得（TALENT）白银。当时他连得重量折合现代 30 千克，700 他连得折合现代 21000 千克。也就是说，埃及每年要向波斯帝国缴纳 21 吨白银。这些白银折合埃及当地重量标准为 168 万班加，需要从当地百姓手里收取。

　　他连得是波斯帝国的重量单位，在波斯帝国的重量制度下，1 他连得可以分为 60 弥那（MINA），1 弥那折合现代 500 克；1 弥那可以分为 60 舍客勒（SHEKEL），1 舍客勒折合现代 8.33 克；1 舍客勒可以分为 180 色（SE），1 色就是 1 颗麦粒的重量 0.0463 克。

　　班加是埃及的重量单位，在埃及的重量制度下，1 班加折合现代 12.5 克，是指 256 颗麦粒的重量，每颗麦粒的理论重量为 12.5 克 ÷256=0.0488 克。

　　埃及与波斯帝国之间建立了 1 弥那等于 40 班加的重量制度关系，两地麦粒的理论重量就出现了差异。埃及 40 班加代表 10240 颗麦粒的重量；波斯帝国 1 弥那代表 10800 颗麦粒的重量，两者相差 560 颗麦粒。据此计算，埃及 1 颗麦粒的重量为 0.0488 克，比波斯帝国 1 颗麦粒的重量 0.0463 克多了 0.0025 克。实际上，并不是埃及的麦粒真的比波斯帝国的麦粒大，而是为了实现两种制度的接轨，两种制度之间的微小差异被集中体现在两种麦粒的重量上。

　　为什么埃及有着与波斯帝国相似的重量制度，为什么双方的重量制度能够如此容易地实现接轨，其原因是双方的重量标准都起源于古人使用双手作为粮食重量单位的量器。

　　波斯帝国的重量标准源于两河流域苏美尔人双手捧起麦粒

的重量——半弥那，两捧等于现代 500 克；埃及的重量标准源于埃及人双手捧起麦粒的重量——20 班加，两捧等于现代 500 克。此外，中国的重量标准也源于中华古人双手捧起谷子的重量——斤，两捧等于现代 500 克。

无论是苏美尔人的两捧（1 弥那）、古埃及人的两捧（40 班加），还是中华古人的两捧（2 斤），重量都是 500 克。世界各国重量标准不约而同地与 500 克相联系。

🐉 钱币流通

波斯帝国统治埃及时期（公元前 526 年至公元前 332 年），埃及出现波斯货币。

波斯帝国崛起的时代，实行君主独裁制度，军事力量比较强大。波斯帝国进行版图扩张，自然波及希腊诸城邦，由此出现了波斯与古希腊诸城邦的相互融合。古希腊诸城邦实行民主制度，商业经济比较发达，其先进的货币制度自然传入波斯。所以，波斯帝国制造和使用的货币是希腊化货币——德拉克马银币。埃及作为波斯帝国行省，也制造和使用德拉克马银币。

这枚四德拉克马银币重量为 15.41 克（1 德拉克马等于 3.85 克），生产于阿尔塔薛西斯二世统治后期（公元前 380 年至公元前 360 年），图案为希腊雅典猫头鹰，鹰右下方币文为古埃及大众文"埃及的法老"。如图 5-1 所示。

波斯帝国需要开支军费，所以打制了大流克金币，重量单位采用两河流域传入的舍客勒，理论重量为 500 克 ÷60=8.33 克，扣除制造成本和铸币税，实际重量为 8.26 克左右。此外，波斯帝国制造和使用希腊化钱币——德拉克马银币。

图 5-1　4 德拉克马银币（产于阿尔塔薛西斯二世统治后期）

　　埃及作为波斯帝国的行省，并没有打制大流克金币，只是打制了德拉克马银币。波斯帝国入侵埃及大约 200 年之后，公元前 332 年，希腊军队攻入埃及，将希腊货币带入埃及。此后，埃及成为希腊化三大王国之一——托勒密王国，打制的钱币更具希腊特色。

　　公元前 334 年，马其顿国王亚历山大率军东征波斯。第二年，亚历山大在伊苏斯击败波斯国王大流士三世。公元前 332 年，亚历山大进军埃及。此时，埃及被波斯侵略者占领大约已有 200 年之久。埃及人认为亚历山大是他们的解放者，会把波斯侵略者从埃及赶出去，所以非常欢迎亚历山大的军队。在埃及人的支持下，亚历山大所向披靡，迅速进入孟菲斯城。亚历山大被埃及人拥戴为埃及的法老，被当作埃及民族同化的外国人，开始了对埃及的统治。

　　公元前 323 年，亚历山大因患疟疾英年早逝。因为没有继承人，亚历山大帝国随之崩溃。亚历山大的部将各霸一方，亚历山大的部将托勒密成为埃及总督。公元前305年，托勒密总督宣布自己为埃及国王。托勒密的后裔从此在埃及世代相传，直到公元前30年罗马征服埃及为止，托勒密家族统治埃及275年。

托勒密王国与塞琉古王国、马其顿王国并列三大希腊化王国，使用希腊货币德拉克马。托勒密王国制造和流通德拉克马，按照币材划分，有金币、银币、铜币；按照面额划分，有1德拉克马、4德拉克马、5德拉克马、8德拉克马、15德拉克马、80德拉克马等多种多样。

这枚4德拉克马银币重量为14.26克（1德拉克马等于3.56克），生产于托勒密一世统治后期（公元前290年至公元前285年），正面图案是托勒密一世国王束头带面朝右肖像；背面图案是站鹰伫立在霹雳上，周围币文"托勒密国王"。如图5-2所示。

图5-2　托勒密一世4德拉克马银币

托勒密王国延续了200多年，到了大名鼎鼎的埃及艳后——克利奥帕特拉执政时期（公元前51年至公元前30年），钱币形制仍然保持着最初的风格。

这枚80德拉克马铜币重量为18.4克，生产于克利奥帕特拉女王时期，正面图案是克利奥帕特拉女王面朝右梳髻披巾胸像；

背面是站鹰伫立于霹雳上，左前有丰饶角，右前币文"Π"（希腊数字 80），周围币文"ΒΑΣΙΛΕΩΣ[ΚΛΕ]ΟΡΑΤΡΣ"（克利奥帕特拉女王）。如图 5-3 所示。

图 5-3　80 德拉克马铜币

公元前 31 年，克利奥帕特拉和安东尼的联合舰队被屋大维打败。公元前 30 年，克利奥帕特拉自杀，托勒密王朝灭亡，埃及沦为罗马的行省。

二

古印度的重量制度和早期钱币

印度是世界四大文明古国之一，位于亚洲南部，是一个倒三角形的半岛，北望喜马拉雅山脉，东临孟加拉湾，南入印度洋，西濒阿拉伯海。古印度文明起源于西北部的印度河流域和东北部的恒河流域，拥有多种民族和多种文化。在货币发展史上，古印度不同于东方中国和西方地中海诸国，自有独具特色的重量制度和钱币形态。

🐉 货币起源

《梨俱吠陀》诗歌产生于公元前 1500 年至公元前 900 年，与中国商朝时期大体相当。《梨俱吠陀》中多处提到使用牛作为价值尺度和流通手段的货币职能，说明当时的印度在货币经济方面远远落后于两河流域和中国古代。两河流域此时已经大量使用白银称量货币，中国商朝也已经大量使用青铜称量货币，而印度还在使用牛作为重要的货币形式。

除了使用牛进行定价和支付，《梨俱吠陀》中也出现了关于金属的文字。"伊兰亚"（HIRANYA）这个词在《梨俱吠陀》中频繁出现，它的含义当时是"金属"，而目前这个词的意思专指"金钱"。当时人们一般用形容词来修饰特定的金属，譬如用"拉扎达"（RAJATA，切割）修饰白银；用"皮塔"（PITA，黄色的）或"苏瓦纳"（SUVARNA，漂亮的）修饰黄金。后来，这些形容词后面不再跟名词"金属"（HIRANYA），而是各自独立地成为名词。拉扎达用于表示白银；苏瓦纳用于表示黄金。

吠陀文献中，"马纳"（MANAS）是常见的交易术语，被用作重量单位。萨塔马纳（SATAMANA）等于 100 马纳，原来是 1 个圆形金属片。在国王登基祭祀典礼上，当国王加冕时，两个萨塔马纳被分别嵌在王家战车的两个轮子上，典礼后赏给祭司。

尽管没有文献记载或出土文物证明古印度在《梨俱吠陀》时代有金属称量货币的存在，但是《梨俱吠陀》诗歌中已经出现了关于金属的文字，说明当时印度是有金属的。此外，出土文物中有关于重量制度的石刻砝码，说明当时印度的金属是可以用标准称量单位来测量的。因此，我们可以相信，公元前 6 世纪在古印度出现的钱币与世界其他地方出现的钱币一样，也是从金属称量货币转化而成。古印度早期钱币也是以重量单位冠名的，并且几乎与中国古代的青铜布币、吕底亚王国的琥珀合金币同时出现。

重量制度

古印度重量制度中的基本单位是苏瓦纳（SUVARNA），重量为 13.705 克。

在印度河谷（INDUS VALLEY）考古发掘出 1500 多枚立方体石刻砝码，这些砝码属于公元前 2500 年至公元前 1500 年埋藏的古物，各枚重量遵循以下数字序列：

1/16，1/8，1/6，1/4，1/2，1，2，4，10，20，40，50，100，200，500，800。

对各枚砝码进行测量，各自表达基本单位 1 的重量均值趋向于 13.710 克，各自偏离均值的幅度不超过 2%。

此外，在瑟卡坡（SIRKAP）遗址的考古发掘中，出土 54 枚球状石刻砝码。这些砝码属于公元 36 年埋藏的古物，砝码上面钻有小孔，插上铅塞，其重量在古时曾被校正，实测重量遵循以下数字序列：

1/4，1/2，1，2，4，16，32。

对各枚砝码进行测量，各自表达基本单位 1 的平均重量趋向于 13.705 克。比较 2000 年前的重量标准，基本单位 1 的平均重量下降了 0.005 克。

经历 2000 年风雨依旧不变的重量单位名叫"苏瓦纳"（SUVARNA），代表 128 颗野甘草（WILD LICORICE）草籽的重量。这种野甘草的草籽被称为"拉蒂"（RATTI），是有毒的，鲜红的颜色，一端有黑点，平均重量 0.107 克。我们遵循二进制数字序列，将 1 苏瓦纳的重量分割成若干个拉蒂的重量单位，得出下表：

将 1 苏瓦纳的重量单位分割成拉蒂的重量单位

重量单位	拉丁文	重量（克）	拉蒂数量
苏瓦纳	SUVARNA	13.705	128
达哈拉	DHARANA	3.426	32
马沙	MASHA	0.857	8
马夏卡	MASHAKA	0.214	2
拉蒂	RATTI	0.107	1

根据英国钱币学家罗伯特·泰尔（ROBERT TYE）的测量，目前野甘草草籽的平均重量确实是 0.107 克。

早期钱币

公元前 7 世纪至公元前 4 世纪是印度的战国时期。在印度北部，出现了 16 个比较强大的王国。他们互相攻伐，进行着长期血腥的战争。其中，摩揭陀王国（MAGADHAS）比较强大，还有迦尸王国（KASHI）、侨萨罗王国（KOSALA）等。

古印度早期钱币的基本单位是卡夏帕那（KARSHAPANA），重量等于达哈拉，即 3.426 克。达哈拉的意思是"重量"，等于 32 拉蒂。

这枚 1 卡夏帕那银币是摩揭陀王国货币，重量 3.40 克，生产于公元前 550 年至公元前 461 年，正面有 5 个印记：弓箭、六臂符、太阳符、大象符。如图 5-4 所示。

图 5-4　1 卡夏帕那银币

摩揭陀王国位于恒河流域，三面环山，一面傍水，凭借地理优势，在战国争雄中成为霸主。公元前 545 年，频婆娑罗（瓶沙王，汉译"影胜"）登上王位，建立新王舍城，皈依佛陀。释迦牟尼佛成道后，第二年到达王舍城。频婆娑罗王成为释迦牟尼佛的护法居士，并向释迦牟尼佛赠送竹林精舍。

公元前 516 年，频婆娑罗王被他的儿子阿阇世杀害。阿阇世成为国王，继续奉行扩张政策，把摩揭陀王国的霸主地位推向顶峰。我们看到的卡夏帕那银币，正是这个时代的产物。

除了卡夏帕那银币，摩揭陀王国还有马夏卡银币。

这枚 25 马夏银币是摩揭陀王国的货币，重量 5.42 克，生产于公元前 6 世纪至公元前 5 世纪，正面有 4 个印记：六臂符、太阳符、树枝、三角。另有两个戳记；背面是光面，没有记号。如图 5-5 所示。

1 马夏等于 2 拉蒂，25 马夏等于 50 拉蒂，理论重量是 5.35 克。

图 5-5　25 马夏银币

公元前 413 年，大臣西宋纳迦借助人民起义的力量登上王位，建立了西宋纳迦王朝。公元前 364 年，平民出身的摩诃帕德摩·难陀篡夺王位，建立了难陀王朝。西宋纳迦王朝和难陀王朝属于摩揭陀王国的两个朝代。受古希腊影响，这两个王朝制造和使用的钱币主要是希腊化钱币——德拉克马银币。

列国时代 16 国中还有迦尸王国（公元前 7 世纪至公元前 525 年）。迦尸王国铸行的钱币遵循另一套重量系列，基本单位是马纳（MANAS）。

迦尸王国钱币的重量系列

重量单位	拉丁文	重量（克）	马纳数量
马纳	MANA	0.11	1
沙那	SHANA	1.375	12.5
萨塔马纳	SATAMANA	11.00	100

这枚 1/2 萨塔马纳（SATAMANA）银币是迦尸王国货币，重量 5.30 克，生产于公元前 600 年至公元前 525 年，正面有 5 个印记；背面是光面，没有记号。如图 5-6 所示。

图 5-6 1/2 萨塔马纳银币

公元前525年，迦尸王国被侨萨罗（KOSALA）王国消灭。侨萨罗王国继续铸行马纳系列的银币。

这枚42马纳银币是侨萨罗王国的货币，重量4.80克（1马纳等于0.11克），生产于公元前523年至公元前475年，正面有4个印记；背面有1个戳记。如图5-7所示。

图 5-7 42马纳银币

公元前324年，出身刹帝利孔雀族的月护王旃陀罗·笈多趁难陀王朝内乱之机夺取了王位，开启了孔雀王朝。

三

波斯帝国的重量制度

重量制度的发展演变是与金属货币的发展演变相联系的。

世界上最早出现金属制造货币的王国是吕底亚，时间在公元前 610 年。数十年后，波斯帝国崛起，吞并了吕底亚，继续吕底亚的金属货币发行。又过了数十年，波斯帝国的大流士（DARIUS）弑君篡位做了国王。为了镇压各地武装起义，大流士发行大流克（DARIC）金币，用以支付军费。这些金币是严格依循古波斯舍客勒（SHEKEL）重量标准制造的。

波斯帝国

波斯帝国指的是公元前 550 年至公元前 330 年古波斯人建立的帝国，不包括后来的帕提亚帝国（公元前 274 年至公元 224 年）和萨珊帝国（公元 224 年至 651 年）。

公元前 558 年，居鲁士以帕萨加迪为中心，在波斯称王。从此，波斯人在居鲁士的领导下开始了反抗米底人的斗争。据传说，居鲁士是米底国王阿司提阿格斯的女儿芒达妮的儿子。公元前 550 年，居鲁士打败了他的外祖父，取代米底获得了对伊朗高原西部的统治权，并将其外祖父连同米底王宫里的黄金、白银以及各种财宝运回波斯。但是，这个阿司提阿格斯是吕底亚国王克洛伊索斯的亲戚。居鲁士抓了吕底亚国王的亲戚，克洛伊索斯便率领军队前来报仇。

　　此时的吕底亚是个非常富有的王国，而波斯却是个十分贫穷的王国。吕底亚的智者桑达尼斯劝告克洛伊索斯说："国王啊，您所要进攻的波斯人一无所有。他们以皮制衣，以水代酒，土地荒瘠贫苦，没有任何美好华贵的东西。您即使把他们征服了，也得不到什么。如果您万一不胜，您的损失可是无法估量的呀！"

　　克洛伊索斯不听智者的劝告，前去攻打波斯。

　　富人与穷人打仗，结果可想而知，穷人失去的只有枷锁，富人失去了所有的财富连同生命。居鲁士打败了吕底亚，将其划为波斯的行省。公元前539年，居鲁士攻陷巴比伦。公元前530年，居鲁士攻打马萨革太人，战死疆场。于是，居鲁士的儿子冈比西斯即位。

　　公元前525年，冈比西斯率军攻入埃及，在埃及疯狂地实行暴政。想不到的是，他的弟弟巴尔迪亚在波斯发动了政变，做了国王。冈比西斯只好返回波斯，不幸在回军路上去世了。冈比西斯的堂侄大流士回到波斯，联合一些贵族发动了一场宫廷政变。大流士散布流言说，冈比西斯出征埃及前处死了巴尔迪亚，这个当了国王的巴尔迪亚是波斯宫廷总管高墨塔冒充的。于是，贵族们在宫廷政变中杀死了巴尔迪亚，或者说是杀死了冒充巴尔迪亚的宫廷总管高墨塔，拥立大流士做了国王。

　　大流士弑君篡位，实行独裁，惹得天下大乱。波斯、巴比伦、埃兰、米底、亚述、埃及、帕提亚、马尔吉安那、撒塔吉、西徐亚等地都爆发了起义。大流士用了一年多的时间，经过大小19场战争，擒获9个国王，10多万人战死沙场，才把这场震撼全国的大起义镇压下去。

　　早在吞并吕底亚时，波斯人就开始发行金属货币。此时，在镇压各地起义的过程中，为了支付军费，大流士开始制造自己的金属货币"大流克"。

黄金衡制

公元前 522 年，波斯国王大流士开始发行大流克金币，每枚重量折合现代 8.33 克。

1 大流克金币，重 8.31 克，铸于大流克二世时期，约公元前 485 年至公元前 420 年，国王手握长矛和弓箭半跪地。如图 5-8 所示。

图 5-8　1 大流克金币

2 大流克金币，重 16.71 克，铸于大流克三世时期，公元前 333 年至公元前 331 年，巴比伦铸币厂生产。国王手持匕首和弓半跪地。如图 5-9 所示。

图 5-9　2 大流克金币

波斯人的重量单位起源于用手捧起麦粒的重量。用手捧起麦粒的最大量，重量可以达到250克。两捧麦粒的重量为500克，这就是波斯重量单位"弥那"（MINA）的由来。

弥那这个重量单位的确立，可以追溯到4000年前苏美尔城邦乌尔王国。公元前2095年至公元前2047年，乌尔国王舒尔基（SHULGI）在苏美尔重量制度的基础上确立了弥那重量标准。公元前605年至公元前562年，巴比伦的尼布甲尼撒二世找到了一个舒尔基的两弥那石制砝码，将它复制，确定为巴比伦王国的重量标准。根据出土石制砝码考证，这个两弥那的重量标准为987.4克。由此推定，当时1弥那的标准重量折合现代489.2克。又有更晚期的石制砝码出土，一枚名曰"大流士宫殿"的石制砝码表明：公元前522年至公元前486年的波斯国王大流士使用的弥那标准重量折合现代500.2克。

弥那被等分为60个舍客勒，每个舍客勒的重量为8.33克。舍客勒是波斯国王大流士时期重量制度的基本单位。波斯国王大流士就是根据舍客勒的标准重量制造了大流克金币。

以舍客勒为基本单位，重量制度的更大单位是弥那。弥那可以用来称量黄金，也可以用来称量粮食。当然，人们称量粮食还需要有比弥那更大的重量单位。于是，60个弥那就是1个他连得（TALENT），1个他连得的重量折合现代30000克，即30千克。

舍客勒更古老的称谓是"琴"（GIN）；他连得更古老的称谓是"冈"（GUN）。

舍客勒是黄金重量制度的基本单位。黄金重量制度的更小单位是"色"（SE），大约是1个麦粒的重量。1个舍客勒可以等分为 180 个色。然而，古波斯人更喜欢使用数字 360，这可能是因为考虑粮食收成与 1 年 360 个日夜有关。于是，1 个舍客勒被等分为 360 个"半色"。

🌀 波中对比

与波斯帝国的情况一样，中国古代也用手捧粮食的数量作为重量单位的标准。《小尔雅》曰："一手之盛谓之溢，两手谓之掬。"

波斯帝国时期，正值中国春秋战国时期。当时，中国南方楚国的黄金重量制度采用"益"为单位，重量 250 克，与波斯帝国半个弥那恰好相同。此标准有出土"楚国铜环权"证实，毋庸置疑。

中国西汉时期（公元前 206 年至公元 24 年），1 斤为 250 克，有出土铜权证实。当时，120 斤为 1 石，折合现代 30000 克，与波斯帝国的重量单位"他连得"恰好相同。

中国古代很少使用黄金，而是使用铜钱。因此，中国古代重量制度的使用，多用于称量铜金属。中国古人喜欢用"两"来计算数量，2 个单位为 1 两，1 个单位就是半两。所以，半两是中国古代最基本的重量单位，西汉时期重 7.8125 克。秦朝及西汉初期使用的铜钱，铭文"半两"，后世称之为"秦半两"。

半两是中国古代重量制度的基本单位，重量制度的更小单位是铢，大约是 100 粒粟的重量。半两就是 12 铢，大约是 1200 粒粟的重量。

中国西汉时期的重量单位"石"与波斯帝国的重量单位"他连得"重量相同；中国西汉时期的重量单位"两斤"与波斯帝国

的重量单位"弥那"(两捧)重量相同。比"斤"更小的重量单位，即重量制度最基本的单位，在波斯帝国是"舍客勒"；在中国秦汉是"半两"。然而，这两个最基本的重量单位之间却出现了差异。

为什么两者重量之间出现了差异？原因是中国人使用 2 进制，而波斯人使用 60 进制。

中国人使用二进制，重量单位以半数等级递减，依次为：1 斤（16 两）、8 两、4 两、2 两、1 两、半两、1 分。所以，中国的 1 斤被等分为 32 个半两。半两成为中国重量制度的最基本单位。1 斤 250 克，半两就是 7.8125 克。

波斯人使用 60 进制，重量单位以 60 的倍数等级递减，依次为：1 他连得等分为 60 个弥那，1 弥那等分为 60 个舍客勒。半弥那等同于中国的 1 斤，被等分为 30 个舍客勒，而不是 32 个舍客勒。舍客勒是波斯帝国重量制度的最基本单位。半弥那 250 克，1 舍客勒就是 8.33 克。

于是，我们将波斯帝国重量制度的最基本单位"舍客勒"与中国重量制度的最基本单位"半两"相比较，两者重量相差了 0.5175 克。

四

哈斯蒙尼王朝的普鲁塔

哈斯蒙尼王朝是公元前 2 世纪犹太民族建立的一个王朝，是犹太民族自治的王朝。

在数千年的历史长河中，犹太民族不断遭受外民族的压迫和统治，很少有自治王朝出现。因此，古犹太人长期使用其他民族的金属货币。然而，哈斯蒙尼王朝是个例外，尽管此前犹太地区相继被波斯、希腊占领和统治，哈斯蒙尼王朝却没有采用波斯的大流克金币或古希腊的德拉克马银币，而是采用了自主发行的普鲁塔（PRUTAH）铜币。

哈斯蒙尼

在人类历史上，犹太人是个与众不同的民族。古代世界里，当遭遇外族强敌入侵的时候，大多数民族选择接受被奴役，接受外民族文化并将本民族文化与外民族文化相融合。唯独犹太人，当他们遭遇外族强敌入侵的时候，他们选择迁徙。犹太人宁愿放弃自己的家园，也不放弃自己的文化。在过去的4000年里，犹太人进行了四次大迁徙以及1800年的大流散，成功地保留了独有的文化，维护了民族的存在。

公元前20世纪，犹太先民进行了第一次大迁徙，从阿拉伯半岛南部（今沙特阿拉伯、也门地区），向北进入两河流域（今伊拉克地区）。公元前18世纪，犹太先民进行了第二次大迁徙，从两河流域向北进入迦南地区（今以色列地区），被当地人称为"希伯来人"（越河过来的人）。公元前16世纪，犹太先民进行了第三次大迁徙，从迦南地区向西进入埃及散居，遭到埃及法老的统治和压迫。公元前13世纪，犹太先民进行的第四次大迁徙，由摩西率领逃离埃及，返回迦南，创立犹太教。从此，犹太人开始了近 200 年的士师时代，随后就产生了古代王国。

公元前 1028 年，扫罗成为犹太历史上的第一个国王。公元前 1010 年，犹大家族的大卫在南方希伯伦城建立王国，与扫罗王南北对峙。公元前 1003 年，大卫王击溃北方扫罗王的儿子伊施波，实现了南北统一。公元前 1000 年，大卫王定都耶路撒冷。

公元前 930 年，犹太民族分裂，北方成立了以色列王国，南方成立了犹大王国。公元前 722 年，亚述王萨尔贡占领撒玛利亚，以色列王国灭亡。公元前 586 年，新巴比伦王尼布甲尼撒攻陷耶路撒冷，犹大王国灭亡，犹太人被迁往巴比伦。公元前 538 年，波斯击灭新巴比伦，波斯王居鲁士允许犹太人返回耶路撒冷。

公元前 333 年，亚历山大大帝征服耶路撒冷，犹太人开始接受希腊人的统治。犹太人处于两大希腊化王朝之间，西面是埃及的托勒密王朝，东面是叙利亚的塞琉古王朝。

公元前 166 年，为反抗塞琉古王朝的暴政，哈斯蒙尼人马蒂亚·马卡比带领他的 5 个儿子发动了起义，与塞琉古军队开始战斗。公元前 141 年，马蒂亚·马卡比唯一幸存的儿子西蒙·马卡比被推选为犹太人的最高首领，开始了哈斯蒙尼王朝的统治。

普鲁塔币

经历了新巴比伦、波斯、希腊共 400 多年的异族统治，犹太人终于重新建立了自己的王国。从此，犹太人努力扩张领土，强制推行犹太教，恢复了大卫王及其儿子所罗门王时期的繁盛。

所罗门王时期，世界上还没有出现数量货币。犹太人建立哈斯蒙尼王朝的时候，世界上已经有了数量货币，犹太人已经在使用托勒密王朝和塞琉古王朝的数量货币。既然建立了自己的王国，犹太人就准备开始发行自己的数量货币。

公元前135年，西蒙·马卡比被刺身亡，犹太人推选西蒙的儿子——约翰·胡肯奴一世（JOHN HYRCANUS Ⅰ）继任最高统帅和大祭司。胡肯奴一世动用了大卫王墓穴中储藏了900年之久的储备，以3000他连得的白银作为赎金，换得塞琉古部队从耶路撒冷撤兵。至此，犹太人的一切决定都能自行裁决，塞琉古王朝已经不再对犹太人施加任何影响。于是，胡肯奴一世开始发行自己的数量货币。

胡肯奴一世发行的数量货币1普鲁塔（PRUTAH）铜币。普鲁塔铜币正面文字是希伯来文"约拿单大祭司和犹太教公会"，背面是双丰饶角中有一石榴的纹饰。如图5-10所示。约拿单是希伯来文的读音，这个名字是希伯来男人常用的名字之一，相当于英文的约翰（JOHN）。

图5-10　1普鲁塔铜币

在哈斯蒙尼王朝的货币制度中，1枚普鲁塔铜币可以兑换2枚雷普顿（LEPTON）铜币。雷普顿铜币正面文字是希伯来文

"约拿单大祭司和犹太教公会",文字中有棕榈枝;背面是百合花,两侧有麦穗的纹饰。如图5-11所示。

图5-11　雷普顿铜币

胡肯奴一世发行的数量货币至少有三种类型:普鲁塔铜币、雷普顿铜币和舍客勒(SHEKEL)银币。1枚舍客勒银币可以兑换16枚普鲁塔铜币,或者兑换32枚雷普顿铜币。普鲁塔铜币的重量均值大约为2.5克,舍客勒银币的重量均值大约为12克。

2.5克 × 16 ÷ 12克 =3.3

由此推定,在哈斯蒙尼王朝的货币制度中,3.3单位铜等于1单位白银。

胡肯奴一世之后,哈斯蒙尼王朝的历代国王大多发行了数量货币,货币单位都采用了普鲁塔、雷普顿和舍客勒的制度,但其文字及纹饰图案多有不同。

公元前135年,在遥远的中国,正值汉武帝时期,市场上流通的金属货币是铭文"半两"的文帝四铢铜钱,重量为2~2.8克,均值为2.4克。目前,出土的哈斯蒙尼王朝发行的普鲁塔重量为2.5克左右,与当时中国的半两铜钱的重量相近。

🐲 昙花一现

胡肯奴一世统治了 30 年，犹太民族享受了这一时期的和平。公元前 104 年，胡肯奴一世去世，他的儿子犹大·亚利多布一世（JUDAH ARISTBULUS Ⅰ）继承王位，发行了少量的货币。一年之后，亚利多布病死，他的胞弟亚历山大·乔那伊（ALEXANDER JANNAEU）即位。

乔那伊在普鲁塔的币文上采用了希腊文"国王"（BASILEUS）的称号，用以取代"大祭司"。乔那伊发行货币的币文，既有希伯来文，又有希腊文。现有存世的这种普鲁塔正面是铁锚图纹，周围有希腊文"亚历山大国王"，背面是芒星图纹，其间有希伯来文"约拿单国王"。

公元前 76 年，乔那伊去世，他的妻子萨洛梅·亚历山德拉被立为王。亚历山德拉在位 9 年，发行了少量的货币。公元前 67 年，亚历山德拉去世，她的儿子们为争夺王位而相互厮杀。为了战争，亚历山德拉的儿子胡肯奴二世（JOHN HYRCANUS Ⅱ）和亚利多布二世（ARISTOBULUS Ⅱ）都发行了货币。

然而，兄弟争雄的局面没能维持很久。仅仅 4 年之后，公元前 63 年，罗马大将庞培攻陷耶路撒冷，哈斯蒙尼王朝灭亡，犹太人的复兴之梦又遭破灭。

胡肯奴二世及其具有阿拉伯血统的臣子安提帕特归顺了罗马，罗马人将哈斯蒙尼王朝的版图归入叙利亚行省。

公元前 40 年，亚利多布二世的儿子马蒂亚·安提贡为报杀父之仇，煽动帕提亚人攻入耶路撒冷。在帕提亚人的保护下，安提贡做了 3 年国王，发行了一些货币。在安提贡发行的货币上，安提贡极力表现犹太民族传统特征，以表达其反抗罗马人和拯救哈斯蒙尼王朝的决心。

公元前 37 年，罗马人扶持安提帕特的儿子希律出任犹太国王，开始了希律家族作为罗马人傀儡对耶路撒冷的统治。

哈斯蒙尼王朝的普鲁塔，在历史的长河里只是昙花一现，从此不再被人们使用，并逐步地被后人销熔。今天侥幸存世的普鲁塔，已经是钱币收藏家们囊中的稀有珍品。

为了反抗罗马人的残暴统治，在此后的 172 年里，犹太人一次又一次地发动起义。公元 135 年，犹太人反抗罗马统治的又一次起义被残酷地镇压下去，50 万犹太人被屠杀，上千个村庄被夷为平地。从此，犹太人彻底告别了家园，拉开了犹太人长达 1800 年在异国他乡流散的序幕。

五

帕提亚王国的钱币

亚历山大大帝麾下大将托勒密攻占埃及，产生了托勒密王国；大将塞琉古攻占叙利亚，产生了塞琉古王国。亚历山大大帝去世后，托勒密、塞琉古和马其顿成为希腊化三大王国。公元前 3 世纪中叶，随着塞琉古王国的衰弱，远在东方的两个行省先后脱离赛琉古王国宣告独立：一是巴克特里亚王国（公元前 256 年至公元前 145 年）；二是帕提亚王国（公元前 247 年至公元 224 年）。帕提亚王国是草原游牧民族的王国，地处伊朗高原，承袭波斯文化。同时，帕提亚王国从塞琉古希腊化王国分裂出来，承袭古希腊文化。所以，帕提亚王国继续制造和使用希腊化钱币——德拉克马。

🐉 阿萨息斯

帕提亚王国的缔造者阿萨息斯（ARSACES）被中国汉朝人翻译为"安息"，帕提亚王国也被中国汉朝人称为"安息"。

帕提亚人源于里海东南达赫地区赛克游牧民族的帕尔尼部族。公元前247年，帕尔尼首领阿萨息斯取代了刚刚脱离塞琉古王国宣告独立的帕提亚总督安德拉哥拉斯，进驻达赫以南的帕提亚地区，建立了帕提亚王国。

同年，遥远东方的中国，秦庄襄王驾崩，13岁的嬴政被立为秦王。26年后，嬴政统一中国，成为中国第一个中央集权、君主专制国家的皇帝——秦始皇。

帕提亚王国的北面是康居王国，东面是乌弋山离王国，西面是塞琉古王国。帕提亚王国位于大汉帝国与罗马帝国之间，是东西方世界的重要通道和国际贸易中心。全盛时期，帕提亚王国与大汉帝国、罗马帝国和贵霜帝国并列亚欧四大帝国。中国文献古籍多有提到安息的情况。

安息在大月氏西可数千里。其俗土著，耕田，田稻麦，蒲陶酒。城邑如大宛。其属小大数百城，地方数千里，最为大国。临妫水，有市，民商贾用车及船，行旁国或数千里。以银为钱，钱如其王面，王死辄更钱，效王面焉。画革旁行以为书记。其西则条枝，北有奄蔡、黎轩。[①]

安息在大月氏以西大约几千里的地方。他们习惯定居在一个地方，耕田，种水稻、麦子，出产葡萄酒。国都大小像大宛国一样。所属大小城镇有好几百个，地方延伸几千里，是最大的国家。它濒临妫水，有专门交易货物的都市，百姓商人都用车船运货，有时运到几千里外的邻国。用白银作为货币，钱币铸国王的肖像，如果国王死了，就更铸钱币，改用新国王的肖像。在皮革上书写都是用横行笔画作记录。它的西面是条支国，北面有奄蔡、黎轩等国。

《汉书》对安息使用钱币的情形也有记载：

亦以银为钱，文独为王面，幕为夫人面，王死辄更铸钱。[②]

与乌弋山离国一样，安息也使用银钱，钱的正面是国王肖像，背面是王后肖像。国王死了，就要改铸银钱。

然而，我们没有发现背面刻印王后头部肖像的帕提亚王国钱币。帕提亚王国钱币的背面没有人头肖像，只有一个持弓牧人的全身坐像。还有一些帕提亚钱币，背面是提喀女神将束头带或者棕榈枝授予国王的图案。

---

① 司马迁：《史记》卷一百二十三《大宛列传》，中华书局1959年版，第3162页。

② 班固：《汉书》卷九十六《西域传》，中华书局1962年版，第3889页。

🐉 钱币种类

古希腊最核心的钱币形态是德拉克马（DRACHMA）银币。

帕提亚王国的钱币，承袭古希腊的币制，使用希腊化钱币——德拉克马银币。除了德拉克马银币之外，帕提亚王国还使用奥波（OBOL）银币和查柯（CHALKOUS）铜币。

德拉克马原本是重量单位，将白银铸造成重量 1 德拉克马的钱币，便称其为德拉克马。帕提亚王国的德拉克马银币有一德拉克马、四德拉克马和半德拉克马。德拉克马的分币是奥波，1 德拉克马等于 6 奥波。一般来说，德拉克马和奥波都是银币，而不是金币或铜币。此外，帕提亚王国生产铜币，铜币的单位是查柯。1 奥波等于 8 查柯，1 德拉克马等于 48 查柯。

两河流域的重量单位"弥那"传到古希腊城邦，1 弥那等于 100 德拉克马。一般认为，雅典的"弥那"折合现代 437 克。那么，雅典 1 德拉克马的理论重量折合现代 4.37 克。然而，古希腊早期的造币标准却是一德拉克马重量 4.30 克，四德拉克马重量 17.2。比较重量标准，一德拉克马钱币的重量少了 0.07 克，这个差额是因为钱币制造成本和铸币税造成的。

理论上，1 奥波的重量折合现代 4.37 克 ÷6=0.728 克。帕提亚王国的奥波银币有 1 奥波、2 奥波和 3 奥波。

帕提亚王国的铜币是查柯，重量大约 2 克。帕提亚王国的查柯铜币有一查柯、二查柯和四查柯。48 查柯铜币的价值等于一德拉克马银币。那么，96 克铜的价值等于 4.37 克白银，1 克白银的价值就等于 21.97 克铜。

帕提亚王国前期，德拉克马银币重量大多为 3.85~4.15 克，后期钱币重量逐步下降。帕提亚王国时期，德拉克马银币下降总幅度大约在 10% 左右。德拉克马银币的重量，在帕提亚王国历史全过程中，一直呈逐步缓慢下降的态势。

图文特色

帕提亚王国钱币图文不同于罗马帝国。罗马帝国钱币正面是元首肖像，周围一圈是关于元首头衔的币文，而帕提亚王国钱币正面是国王肖像，没有币文。帕提亚王国钱币只在钱币背面刻印币文。罗马帝国钱币正、背面币文大多沿着钱币外圆一周，而帕提亚王国钱币背面的币文则是横竖直书，甚至排列成方框形。罗马帝国钱币背面图案有神像或拟人像，帕提亚王国钱币背面图案大多是持弓牧人，此风格数百年保持不变。下面举例说明这些特色：

1. 钱币正面没有币文

古希腊钱币正面多是神的肖像，没有币文。罗马帝国钱币正面多是元首肖像，周围环绕着元首众多头衔的币文。帕提亚王国钱币承袭希腊传统，正面没有币文，只有肖像，但不是神的肖像，而是国王的肖像。

帕提亚王国一德拉克马银币，重量为 4.03 克，生产于公元前 238 年至公元前 211 年。钱币正面是头戴风帽的阿萨息斯国王面朝右头像；钱币的背面是牧人持弓面朝左的坐像，左右两侧刻印希腊币文：右"ΑΡΣΑΚΟΥ"（阿萨息斯），左"ΑΥΤΟΚΡΑΤΟΡΟΣ"（独立执政大王），连在一起的意思就是：独立执政的阿萨息斯大王。如图 5-12 所示。

图 5-12　帕提亚王国 1 德拉克马银币

2. 钱币背面币文排列呈方框形

罗马帝国钱币正、背面的币文大多沿着钱币环绕一周，而帕提亚王国钱币背面的币文，建国初期分为左右两行，后来变为排列呈方框形，最后演化成难以辨认的讹写希腊字母图案。

帕提亚王国四德拉克马银币，重量 15.93 克（1 德拉克马等于 3.98 克），生产于公元前 124 年至公元前 91 年。钱币正面是束头带、长须的米特里达梯二世国王面朝左头像；钱币背面是牧人持弓面朝右坐在脐石上。牧人周围的四行币文形成一个方框：左 "ΒΑΣΙΛΕΩΣ"（王），上 "ΜΕΓΑΛΟΥ"（大），右 "ΑΡΣΑΚΟΥ"（阿萨息斯），下 "ΕΝΙΦΑΝΟΥΣ"（显贵的）。连在一起的意思就是 "显贵的阿萨息斯大王"。如图 5-13 所示。

3. 钱币图案风格长期不变

公元前 247 年，阿萨息斯建立了帕提亚王国，发行正面刻印阿萨息斯国王肖像的钱币，钱币背面是牧人持弓坐像。经历了 471 年之后，阿尔达希尔一世击败了帕提亚王国的国王阿尔达班四世，建立了萨珊王国。从此，萨珊王国在伊朗高原上取代了帕提亚王国的统治。帕提亚王国灭亡之前，阿尔达班四世的钱币依然是德拉克马银币，钱币正面依然是国王的肖像，钱币背面依然是牧人持弓坐像。这种风格持续了数百年，至终未有改变。

图5-13　帕提亚王国4德拉克马银币

帕提亚王国1德拉克马银币，重量为4.00克，生产于公元216年至公元224年。钱币正面是束头带、戴冠的阿尔达班四世国王面朝左头像；钱币背面是牧人持弓面朝右坐像。牧人周围左、上、右、下四行币文，是无法辨认的讹写希腊字母，作为图案花纹围绕着牧人。如图5-14所示。

图5-14　帕提亚王国1德拉克马银币

附　录

一、古西亚货币经济资料

（一）古西亚主要王国年表

1. 格拉什城邦（公元前 2480 年至公元前 2371 年）

公元前 2480 年至公元前 2450 年	乌尔南什
公元前 2450 年至公元前 2445 年	阿库加尔
公元前 2445 年至公元前 2440 年	安纳吐姆
公元前 2440 年至公元前 2400 年	埃纳纳吐姆
公元前 2400 年至公元前 2390 年	恩铁美纳
公元前 2390 年至公元前 2385 年	埃纳纳吐姆二世
公元前 2385 年至公元前 2384 年	恩恩塔尔基
公元前 2384 年至公元前 2378 年	卢加尔安达
公元前 2378 年至公元前 2371 年	乌鲁卡基那

2. 阿卡德王国（公元前 2369 年至公元前 2193 年）

公元前 2369 年至公元前 2314 年	萨尔贡
公元前 2314 年至公元前 2270 年	里木什
公元前 2270 年至公元前 2255 年	曼尼什图苏
公元前 2255 年至公元前 2218 年	纳拉姆·辛

公元前 2218 年至公元前 2193 年　　　　沙尔卡利沙利

3. 乌尔第三王朝（公元前 2113 年至公元前 2006 年）

公元前 2113 年至公元前 2096 年　　　　乌尔纳姆

公元前 2096 年至公元前 2048 年　　　　舒尔基

公元前 2048 年至公元前 2039 年　　　　阿马尔·辛

公元前 2039 年至公元前 2030 年　　　　舒·辛

公元前 2030 年至公元前 2006 年　　　　伊比·辛

4. 伊新王国（公元前 2017 年至公元前 1794 年）

公元前 2017 年至公元前 1985 年　　　　伊什比·埃拉

公元前 1985 年至公元前 1975 年　　　　舒伊里舒

公元前 1975 年至公元前 1954 年　　　　伊丁达干

公元前 1954 年至公元前 1935 年　　　　伊什美达干

公元前 1935 年至公元前 1924 年　　　　李必特·伊丝达

公元前 1924 年至公元前 1896 年　　　　乌尔尼努尔塔

公元前 1896 年至公元前 1874 年　　　　布尔辛

公元前 1874 年至公元前 1869 年　　　　李必特·恩利尔

公元前 1869 年至公元前 1861 年　　　　埃拉伊米提

公元前 1861 年至公元前 1837 年　　　　恩利尔巴尼

公元前 1837 年至公元前 1834 年　　　　詹比亚

公元前 1834 年至公元前 1831 年　　　　伊特尔皮沙

公元前 1831 年至公元前 1828 年　　　　乌尔杜库伽

公元前 1828 年至公元前 1817 年　　　　辛玛吉尔

公元前 1817 年至公元前 1794 年　　　　达米可伊里舒

公元前 1794 年　伊新第一王朝被拉尔萨王朝国王瑞姆·辛

攻灭。

5. 拉尔萨王国（公元前 2025 年至公元前 1763 年）

公元前 2025 年至公元前 2005 年	纳波拉努姆
公元前 2005 年至公元前 1977 年	埃米苏姆
公元前 1977 年至公元前 1942 年	萨米乌姆
公元前 1942 年至公元前 1933 年	札巴亚
公元前 1933 年至公元前 1906 年	衮古努姆
公元前 1906 年至公元前 1895 年	阿比萨莱
公元前 1895 年至公元前 1866 年	苏穆埃尔
公元前 1866 年至公元前 1850 年	努尔阿达德
公元前 1850 年至公元前 1843 年	辛伊丁纳姆
公元前 1843 年至公元前 1841 年	辛埃里巴姆
公元前 1841 年至公元前 1836 年	辛伊吉沙姆
公元前 1836 年至公元前 1835 年	西里阿达德
公元前 1835 年至公元前 1723 年	瓦拉德辛
公元前 1823 年至公元前 1763 年	瑞姆·辛

公元前 1763 年　拉尔萨王国被古巴比伦王国的国王汉谟拉比攻灭。

6. 古巴比伦第一王朝（公元前 1894 年至公元前 1595 年）

公元前 1894 年至公元前 1881 年	苏姆阿布姆
公元前 1881 年至公元前 1845 年	苏姆拉埃尔
公元前 1845 年至公元前 1831 年	萨比乌姆
公元前 1831 年至公元前 1813 年	阿匹尔·辛
公元前 1813 年至公元前 1793 年	辛穆巴里特

公元前 1793 年至公元前 1750 年　　　汉谟拉比

公元前 1750 年至公元前 1712 年　　　萨姆苏伊鲁纳

公元前 1712 年至公元前 1684 年　　　阿比舒

公元前 1684 年至公元前 1647 年　　　阿米迪塔纳

公元前 1647 年至公元前 1626 年　　　阿米萨杜卡

公元前 1626 年至公元前 1595 年　　　萨姆苏迪塔纳

7. 新巴比伦王国（迦勒底王国）（公元前 626 年至公元前 539 年）

公元前 626 年至公元前 605 年　　　纳波帕拉沙尔

公元前 605 年至公元前 562 年　　　尼布甲尼撒二世

公元前 562 年至公元前 560 年　　　以末米罗达

公元前 560 年至公元前 556 年　　　涅里格利沙尔

公元前 556 年至公元前 555 年　　　那勃尼德

公元前 555 年至公元前 539 年　　　伯沙撒（与父亲那勃尼德共治）

（二）货币史大事记

时间	大事纪要
公元前 4300 年至公元前 3500 年	苏美尔人掌握农业灌溉技术
公元前 3500 年至公元前 3100 年	苏美尔出现楔形文字
公元前 3000 年前后	两河流域南部出现许多城邦
公元前 2378 年	拉格什城邦恩西乌鲁卡基那推行改革，改革铭文记载了白银一般等价物商品发挥价值尺度和流通手段的货币职能

时间	大事纪要
公元前 2369 年	萨尔贡建立人类历史上第一个中央集权君主专制的国家——阿卡德王国,在两河流域统一度量衡。大麦一般等价物商品和白银一般等价物商品有了统一的称量标准。随着阿卡德王国的灭亡,度量衡制度陷入混乱
公元前 2113 年	乌尔纳姆建立乌尔第三王朝,颁布《乌尔纳姆法典》。大麦容量单位是古尔和西拉;白银重量单位是弥那和舍客勒
公元前 2096 年	舒尔基即位乌尔第三王朝的国王,重新统一两河流域的度量衡,大麦一般等价物商品和白银一般等价物商品成为了有了统一法定称量标准的称量货币。人类最早的货币——白银称量货币从此诞生
公元前 2000 年至公元前 1950 年	埃什嫩那国王《俾拉拉马法典》中出现白银货币微小单位"色";大麦货币单位"卡""帕尔希克图"和"苏图"
公元前 1950 年至公元前 1900 年	伊新国王《李必特·伊丝达法典》中,大麦货币消失不见,使用白银货币的地方只有 5 处,体现了长期战争对经济的影响,货币经济出现了大幅度的衰败
公元前 1792 年	汉谟拉比即位为古巴比伦王国的第 6 任国王,开始了再次统一两河流域的战争。汉谟拉比国王颁布法典。法典中出现了白银货币微小单位"乌得图"。白银货币使用范围更加广泛,大麦货币使用占比减少,白银货币成为更加重要的流通货币
公元前 1500 年至公元前 1400 年	《赫梯法典》出台。赫梯王国的货币基本单位是"玻鲁舍客勒",即半舍客勒
公元前 1500 年至公元前 1000 年	两河流域进入亚述黑暗时代,货币经济衰败
公元前 640 年	小亚细亚半岛的吕底亚王国生产出世界上最早的钱币
公元前 546 年	波斯帝国消灭了吕底亚王国,继承了吕底亚王国的钱币生产和钱币制度

时间	大事纪要
公元前 524 年	波斯帝国国王大流士发行"大流克"金币
公元前 330 年	马其顿的亚历山大大帝消灭了波斯帝国
公元前 305 年	亚历山大大帝的部将塞琉古以叙利亚为中心，建立了塞琉古王国，中国称之为"条支"，发行希腊化钱币——德拉克马
公元前 247 年	阿萨克斯摆脱塞琉古的统治，建立帕提亚王国，中国称之为"安息"，发行希腊化钱币——德拉克马

（三）专业词汇表

名称	属性	折合现代量
弥那	重量、货币单位	500 克
舍客勒	重量、货币单位	8.33 克
乌得图	重量、货币单位	0.14 克
色	重量、货币单位	0.0463 克。原译文为"塞"或"乌士图"
玻鲁舍客勒	重量，货币单位	半舍客勒，4.17 克
古尔	容量、货币单位	121 公升，盛大麦 168 千克
帕尔希克图	容量、货币单位	24.2 公升，盛大麦 33.6 千克
苏图	容量、货币单位	4 公升，盛大麦 5.6 千克
卡、西拉	容量、货币单位	0.4 公升，盛大麦 560 克
布尔	面积单位	64800 平方米
伊库	面积单位	3600 平方米
穆沙鲁	面积单位	36 平方米
斯塔特	吕底亚琥珀金币	14 克

名称	属性	折合现代量
大流克	波斯金币	8.33 克
德拉克马	希腊银币	4.37 克
奥波	希腊银币	0.728 克。1 德拉克马 =6 奥波
柯查	希腊铜币	1 奥波 =8 柯查

（四）重要法规（《乌尔纳姆法典》中英对照）

1. If a man commits a murder, that man must be killed.

如果犯谋杀罪，应处以死刑。

2. If a man commits a robbery, he will be killed.

如果犯抢劫罪，要处以死刑。

3. If a man commits a kidnapping, he is to be imprisoned and pay 15 shekels of silver.

如果犯绑架罪，应处以监禁，并罚 15 舍客勒白银。

4. If a slave marries a slave, and that slave is set free, he does not leave the household.

如果一个奴隶和一个奴隶结婚，而那个奴隶被释放为自由民，这个奴隶仍是主人家的奴隶。

5. If a slave marries a native person, he/she is to hand the firstborn son over to his owner.

如果一个奴隶与自由人结婚，他 / 她应将长子献给主人为奴。

6. If a man violates the right of another and deflowers the virgin wife of a young man, they shall kill that male.

如果亵渎他人权利而奸淫其处女妻子，应处以死刑。

7. If the wife of a man followed after another man and he slept with her, they shall slay that woman, but that male shall be set free.

如果一个男人妻子追求另一男子，该男子睡了她，那么应处死女人，男人无罪。

8. If a man proceeded by force, and deflowered the virgin slavewoman of another man, that man must pay five shekels of silver.

如果以暴力强奸他人处女女奴，应罚 5 舍客勒白银。

9. If a man divorces his first-time wife, he shall pay her one mina of silver.

如果与发妻离婚，应付发妻 1 弥那白银。

10. If it is a（former）widow whom he divorces, he shall pay her half a mina of silver.

如果与原为寡妇的妻子离婚，应付她半弥那白银。

11. If the man had slept with the widow without there having been any marriage contract, he need not pay any silver.

如果与寡妇无婚约而只是与她睡觉，不需付她任何白银。

12. If a man is accused of sorcery he must undergo ordeal by water ; if he is proven innocent, his accuser must pay 3 shekels.

如果有人被告发实施巫术，他必须经受河水验证，如果他被证明无辜，告发者应付 3 舍客勒白银。

13. If a man accused the wife of a man of adultery, and the river ordeal proved her innocent, then the man who had accused her must pay one-third of a mina of silver.

如果有人告发人妻通奸，而河水验证后证明她无辜，那么告发者应付 1/3 弥那白银。

14. If a prospective son-in-law enters the house of his prospective father-in-law, but his father-in-law later gives his daughter to another man, the father-in-law shall return to the rejected son-in-law twofold the amount of bridal presents he had brought.

如果未来女婿进入他未来岳父的房子，但此后岳父将其女儿给了另外的男人，那么岳父应退还所弃女婿已纳聘礼两倍的价值。

15. If a slave escapes from the city limits, and someone returns him, the owner shall pay two shekels to the one who returned him.

如果奴隶逃出城市界限，有人将其捕获送还，奴隶主人应付送还者 2 舍客勒白银 。

16. If a man knocks out the eye of another man, he shall weigh out 1/2 mina of silver.

如果打坏他人眼睛者，应付半弥那白银。

17. If a man has cut off another man's foot, he is to pay ten shekels.

如果斩断他人的脚，应付 10 舍客勒白银。

18. If a man, in the course of a scuffle, smashed the limb of another man with a club, he shall pay one mina of silver.

如果在斗殴中用棒打断他人手臂或腿，应付 1 弥那白银。

19. If someone severed the nose of another man with a copper knife, he must pay two-thirds of a mina of silver.

如果用铜刀割断他人鼻子，应付 2/3 弥那白银。

20. If a man knocks out a tooth of another man, he shall pay two shekels of silver.

如果打落他人牙齿，应付 2 舍客勒白银。

21.If he does not have a slave, he is to pay 10 shekels of silver. If he does not have silver, he is to give another thing that belongs to him.

如果没有奴隶，应付 10 舍客勒白银。如果没有白银，应付其所拥有的其他物品。

22. If a man's slave-woman, comparing herself to her mistress, speaks insolently to her, her mouth shall be scoured with 1 quart of salt.

如果男人之女奴与女主人攀比，对女主人出言不逊，应该用 1 夸脱盐巴来擦洗她的嘴。

23. If a man appeared as a witness, and was shown to be a perjurer, he must pay fi fteen shekels of silver.

如果出庭作证出具伪证，应付 15 舍客勒白银。

24. If a man appears as a witness, but withdraws his oath, he must make payment, to the extent of the value in litigation of the case.

如果出庭作证有违誓言，应付诉讼标的之金额。

25. If a man stealthily cultivates the field of another man and he raises a complaint, this is however to be rejected, and this man will lose his expenses.

如果偷种他人土地，他的起诉应予拒绝，且他将损失他的耕种成本。

26. If a man flooded the field of a man with water, he shall measure out three kur of barley per iku of field.

如果用水淹他人的土地，那么每伊库土地付 3 古尔大麦。

27. If a man had let an arable field to another man for cultivation, but he did not cultivate it, turning it into wasteland, he shall measure out three kur of barley per iku of field.

如果出租耕地给他人耕作，但其未能耕作而使耕地荒芜，那么每伊库（1 伊库折合现代 3600 平方米，折合中国大约 5.4 亩）耕地付 3 古尔（1 古尔折合现代 121 公升）大麦。

摘自：《当代金融家》2019 年第 7 期。

二、古中华货币经济资料

（一）年表

1. 先秦历史年表

公元前 170 万年至公元前 10 万年	原始群落
公元前 10 万年至公元前 1 万年	母系氏族公社初期
公元前 1 万年至公元前 3000 年	母系氏族公社发展期
公元前 3000 年至公元前 2070 年	父系氏族公社 出现部落联盟领袖
公元前 2070 年至公元前 1600 年	夏朝
公元前 1600 年至公元前 1046 年	商朝

公元前 1046 年至公元前 771 年　　　　　西周

公元前 770 年至公元前 476 年　　　　　东周春秋

（a）公元前 770 年至公元前 673 年　　　春秋早期

（b）公元前 672 年至公元前 575 年　　　春秋中期

（c）公元前 574 年至公元前 476 年　　　春秋晚期

公元前 475 年至公元前 221 年　　　　　东周战国

（a）公元前 475 年至公元前 338 年　　　战国早期 变法改革期

（b）公元前 337 年至公元前 284 年　　　战国中期 合纵连横期

（c）公元前 283 年至公元前 221 年　　　战国晚期 秦灭六国期

2. 战国晚期秦国年表

公元前 361 年至公元前 338 年　　　　　秦孝公

公元前 337 年至公元前 311 年　　　　　秦惠文王

公元前 310 年至公元前 307 年　　　　　秦武王

公元前 306 年至公元前 250 年　　　　　秦昭襄王

公元前 250 年　　　　　　　　　　　　秦孝文王

公元前 249 年至公元前 247 年　　　　　秦庄襄王

公元前 246 年至公元前 221 年　　　　　秦王嬴政

3. 秦朝年表

公元前 221 年至公元前 210 年　　　　　秦始皇嬴政

公元前 209 年至公元前 207 年　　　　　秦二世胡亥

4. 西汉初期年表

公元前 206 年至公元前 195 年　　　　　汉高帝刘邦

公元前 194 年至公元前 188 年　　　　　汉惠帝刘盈

公元前 187 年至公元前 180 年　　　　　吕太后吕雉

公元前 179 年至公元前 157 年	汉文帝刘恒
公元前 156 年至公元前 141 年	汉景帝刘启
公元前 140 年至公元前 87 年	汉武帝刘彻

（二）货币史大事记

公元前 3000 年至公元前 2070 年：

黄河流通古人进入父系氏族公社，出现部落联盟领袖，古人开始采矿冶铜。

公元前 2070 年至公元前 1600 年：

夏朝，青铜称量货币成为商品交换媒介，缺乏统一的称量标准。

公元前 1600 年至公元前 1046 年：

商朝，青铜称量货币采用钧、寽单位，作为商品交换媒介，发挥货币职能。出现铜斧、铜块等原始数量货币。

公元前 1046 年至公元前 771 年：

西周，青铜称量货币流通逐步繁荣。

公元前 770 年至公元前 476 年：

东周春秋，出现青铜数量货币空首布、铜贝、鲜虞刀。

公元前 475 年至公元前 221 年：

东周战国，出现各种布币、刀币、铜贝、圜钱等青铜数量货币，金银称量货币，珠玉龟贝、银锡之属也作为货币流通。公元前 336 年，秦惠文王垄断铸行半两钱。

公元前 221 年至公元前 210 年：

秦始皇时期，废除各诸侯国各种货币，只留黄金、布和半两钱三种货币流通。

公元前 209 年至公元前 207 年：

秦二世胡亥时期，废除布货币，铸行半两钱。

公元前 206 年：

秦亡，刘邦为汉王，楚汉战争开始。

公元前 205 年：

刘邦命令百姓自由铸造半两钱，黄金货币单位从"溢"改为"斤"。

公元前 202 年：

楚汉战争结束，刘邦即皇帝位。

公元前 199 年：

刘邦颁布禁盗铸令。

公元前 186 年：

吕太后颁布《二年律令》。

公元前 175 年：

汉文帝刘恒命令百姓自由铸造半两钱。

公元前 144 年：

汉景帝刘启颁布禁盗铸令。

（三）古今度量衡对照

1. 先秦度制

春秋战国时期，1 升折合现代 200 毫升。10 升为 1 斗，100 升为 1 斛。

2. 先秦量制

春秋战国时期，1 尺折合现代 23.1 厘米。1 尺为 10 寸，10

尺为 1 丈。

3. 先秦衡制

春秋战国时期，1 斤折合现代 253 克。

单位	折合现代（克）	备注
石（起自夏）	30360	4 钧，120 斤
钧（起自夏）	7590	24 益，72 寽，30 斤
寽（起自商）	105.42	1/3 益
益（起自周）	316.25	20 两
斤（起自周）	253	16 两
两（起自周）	15.8125	24 铢
铢（起自周）	0.65885	

4. 战国时期，各主要诸侯国益的重量

诸侯国	折合现代（克）	备注
楚国	250.00	楚益为 16 两
魏国	315.83	魏益为 20 两
齐国	369.65	齐益为 24 两
卫国	373.91	卫益为 24 两

注：楚、魏、齐、卫国有出土铭文器物证据，秦国尚无出土证据。推定秦国 1 益等于 24 两，秦国益折合现代 379.50 克。

5. 魏国货币重量单位釿

1 益等于 3 寽或 12 釿。

魏国 1 益：315.83 克；魏国 1 寽：105.28 克；魏国 1 釿：26.32 克。

6. 齐国货币重量单位化

1 益等于 8 化或 96 僙。

齐国 1 益：369.65 克；齐国 1 化：46.21 克。

7. 楚国货币重量单位贝

1 益等于 16 两或 32 贝。

楚国 1 益：250.00 克；楚国 1 两：15.625 克；

楚国 1 贝：7.81 克。

8. 秦国货币重量单位半两

秦国 1 益：24 两，379.50 克；

秦国 1 斤：253.00 克；秦国 1 两：15.8125 克；

秦国 1 铢：0.6589 克；

秦国半两：7.91 克。

（四）重要法规

秦律·金布律

【简介】

关于中国古代的货币立法，我们可以看到的最直接的资料是 1975 年在湖北孝感市云梦县睡虎地秦墓中发现的"秦律"竹简，其中有《金布律》15 条，是现存我国最早的货币立法文献。《金布律》不知其订立的确切年代，但可以断定其行用时间在秦始皇统一六国之前的战国晚期，是战国晚期秦国的立法，秦灭六国后被推广到全国使用。

云梦睡虎地秦墓竹简被整理出 1155 支，内容大部分是法律、文书，不仅有秦律，而且有解释律文的问答和有关治狱的文书程式。据学者考证，云梦睡虎地秦墓的墓主是墓中发现竹简所载《编年记》中所提到的喜。简中记载，喜生于秦昭王四十五年（公元前 262 年），秦始皇元年（公元前 246 年）傅籍，秦始皇三年（公元前 244 年）进用为史，即从事文书事务的小吏，秦始皇四年（公元前 243 年）为安陆狱史，秦始皇六年（公元前 241 年）为安陆令史，秦始皇七年（公元前 240 年）为鄢令史，秦始皇十二年治狱鄢，即为鄢地狱掾，审理法律案件。简文终于秦始皇三十年（公元前 217 年），即秦统一全国后第 4 年。这年，喜去世，终年 46 岁，与墓中人骨鉴定年龄相符。喜一生在秦始皇治下历任各种与司法有关的职务，经历了秦始皇建立全国统一政权和实现全国法律统一的过程。因此，可以相信，云梦睡虎地秦墓竹简所载的秦代货币立法文献，是考证秦代货币铸造、发行和流通规则最直接、最可靠的资料。《金布律》共 15 条，其中有关钱币法律 2 条、布币法律 3 条、债务法律 4 条和财务管理法律 6 条。

【正文】①

律文　第 1 条：

官府受钱者，千钱一畚，以丞、令印印。不盈千者，亦封印之。钱善不善，杂实之。出钱，献封丞、令，乃发用之。百姓市用钱，美恶杂之，勿敢异。

注释：

1. 畚：音本（ben），一种用蒲草编织的容器。

2. 实杂之：装在一起。

译文　第 1 条：

官府收入铜钱，以 1000 枚铜钱装为一畚，用其丞、令官员

---

① 睡虎地秦墓竹简整理小组：《睡虎地秦墓竹简·金布律》，文物出版社 1978 年版，第 55~92 页。

的印封缄。铜钱数量不满 1000 枚的，也应封缄。铜钱质好的和不好的，应装在一起。支出铜钱时，要把印封呈献承、令验视，然后启封使用。百姓在使用铜钱交易商品时，铜钱质量好坏，要一起通用，不准对好坏铜钱进行选择。

律文　第 2 条：

布袤八尺，福（幅）广二尺五寸。布恶，其广袤不如式者，不行。

注释：

1. 布：战国晚期秦国用麻织造的法定货币。

2. 袤：音毛（mao），长度。

译文　第 2 条：

布长 8 尺，幅宽 2 尺 5 寸。布的质量不好，长宽不合标准的，不得作为货币流通。

律文　第 3 条：

钱十一当一布。其出入钱以当金、布，以律。

注释：

1. 当：折合。

2. 金：黄金，战国晚期秦国的法定货币。

译文　第 3 条：

11 枚铜钱折合 1 布。如果官府收支铜钱来折合黄金或布，其折合比率，应按法律的规定。

律文　第 4 条：

贾市居列者及官府之吏，毋敢择行钱、布；择行钱、布者，列伍长弗告，吏循之不谨，皆有罪。

注释：

1. 列：坐列贩卖者。

2. 行钱、布：法定流通的铜钱和法定流通的麻布。

译文　第 4 条：

市肆中的商贾和官家府库的吏，都不准对铜钱和布两种货币有所选择；有选择使用的，列伍长不告发，吏检察不严，都有罪。

律文　第 5 条：

有买及买殹，各婴其贾。小物不能各一钱者，勿婴。

注释：

1. 殹：音一（yi），也。

2. 婴：音英（ying），系。

译文　第 5 条：

有所买卖，应分别悬挂商品的价格牌标明价格。小件物品每件价值不足 1 钱的，不必悬挂商品的价格牌标明价格。

律文　第 6 条：

官相输者，以书告其出计之年，受者以入计之。八月、九月中其有输，计其输所远近，不能逮其输所之计，□□□□□□□移计其后年，计勿相谬。工献输官者，皆深以其年计之。

注释:

1. 逮:音戴（dai），及。

2. 深:音審（shen），固定。

译文　第 6 条:

官府输送物品，应以文书通知其出账的年份，接受者接收到的时间记账。如在八月、九月中输送，估计所运处所的距离，不能赶上所运处所的结账，……改计入下一年账内，双方账目不要矛盾。工匠向官府上缴产品，都应固定按其产年记账。

律文　第 7 条:

都官有秩吏及离官啬夫，养各一人，其佐、史与共养；十人，车牛一两（辆），见牛者一人。都官之佐、史冗者，十人，养一人；十五人，牛车一两（辆），见牛者一人；不盈十人者，各与其官长共养、车牛，都官佐、史不盈十五人者，七人以上鼠（予）车牛、仆，不盈七人者，三人以上鼠（予）养一人；小官毋（无）啬夫者，以此鼠（予）仆、车牛。（艰）生者，食其母日粟一斗，旬五日而止之，别（奉）以段（假）之。

注释:

1. 离官:附属机构。

2. 啬夫:乡级行政区划负责税赋与司法的官员。秦代地方政府为郡县制。县令为一县最高行政长官,负责一县的政务和司法。县令之下设丞,协助县令从事政务活动。县之下有乡,"有秩"为一乡的主管官吏,其下有"三老"负责教化;"啬夫"负责税赋与司法;"游缴"负责社会治安。

3. 见牛者：看牛的人。

4. 仆：赶车的人。

译文 第 7 条：

都官的有秩吏及其分支机构的啬夫，每人分配做饭的一人，他们的佐、史和他们一起使用；每十人，分配牛车一辆，看牛的一人。都官的佐、史人数多的，每十人分配做饭的一人；每十五人，分配牛车一辆，看牛的一人；不满十人的，各自与他们的官长共用做饭的和牛车。都官的佐、史不满十五人的，七人以上分配牛车和赶车的仆人，不满七人的，三人以上分配做饭的一人；不设啬夫的小机构，按此标准分配赶车的人和牛车。牛产崽困难，每天饲给母牛粮谷一斗，至十五天截止，分开喂养以备借出使用。

律文 第 8 条：

有责（债）于公及赀、赎者居他县，辄移居县责之。公有责（债）百姓未赏（偿），亦移其县，县赏（偿）。"

注释：

1. 赀：音资（zi），有罪而被罚令缴纳财物。

2. 赎：缴纳财物去赎死刑或肉刑等罪。

译文 第 8 条：

欠官府债和被判处赀、赎者住在另一县，应即发文给所住的县，由该县负责索缴。官府欠百姓的债而未偿还，也应发文书给百姓所在的县，由该县偿还。

律文　第9条:

百姓假公器及有责（债）未赏（偿），其日践（足）以收责之，而弗收责，其人死亡；及隶臣妾有亡公器，畜生者，以其日月减其衣食，毋过三分取一，其所亡众，计之，终岁衣食不（足）以稍赏（偿），令居之，其弗令居之，其人（死）亡，令其官啬夫及吏主者代赏（偿）之。

注释:

1. 践：足。

2. 令居之：勒令居作，即以劳役抵偿。

译文　第9条:

百姓借用官府器物或欠债未还，时间足够收回，而未收回，该债务人死亡，令该官府啬夫和主管其事的吏代为赔偿。隶臣妾有丢失官府器物或牲畜的，应从丢失之日起按月扣除隶臣妾的衣食，但不能超过衣食的三分之一，若所丢失过多，算起来隶臣妾整年衣食都不够全部赔偿，应令隶臣妾居作，如果不令隶臣妾居作，该人死亡，令该官府啬夫和主管其事的吏要代为赔偿。

律文　第10条:

县、都官坐效、计以负赏（偿）者，已论，啬夫即以其直（值）钱分负其官长及冗吏，而人与参辩券，以效少内，少内以收责之。其入赢者，亦官与辩券，入之。其责（债）毋敢逾岁，逾岁而弗入及不如令者，皆以律论之。

注释:

1. 坐：因……而犯罪。

2. 参辩券：可以分为 3 份的木券，由啬夫、少内和赔偿者各执 1 份，作为缴纳赔偿的凭证。

3. 少内：财政机构。

译文 第 10 条：

县、都官在点验或会计中有罪而应赔偿者，经判处后，有关官府啬夫即将其应偿钱数分摊其官长和群吏，发给每人一份木制三联券，以便向少内缴纳，少内凭券收取。如有盈余应上缴的，也由官府发给木制三联券，以便上缴。欠债不得超过当年，如超过当年仍不缴纳，以及不按法令规定缴纳的，均依法论处。

律文 第 11 条：

官啬夫免，复为啬夫，而坐其故官以赀赏（偿）及有它责（债），贫窭毋（无）以赏（偿）者，稍减其秩、月食以赏（偿）之，弗得居；其免殴（也），令以律居之。官啬夫免，效其官而有不备者，令与其稗官分，如其事。吏坐官以负赏（偿），未而死，及有罪以收，抉出其分。其已分而死，及恒作官府以负责（债），牧将公畜生而杀、亡之，未赏（偿）及居之未备而死，皆出之，毋责妻、同居。

注释：

1. 窭：音据（ju），贫困拮据。

2. 稗：音败（bai），草本植物，形象如稻，不长粮食。

3. 稗官：收入低下的小官。

4. 如其事：按照各人所负的责任。

5. 恒作：为官府经营手工业。

6.同居：父母、妻子之外的,在一起生活的兄弟、兄弟之子等。

译文　第11条：

机构的啬夫免职，以后又任啬夫，由于前任时有罪应缴钱财赔偿，以及有其他债务，而贫困无力偿还的，应分期扣除其俸禄和口粮作为赔偿，不得令他服劳役以抵偿损失；如已免职，则应依法令他服劳役以抵偿损失。机构的啬夫免职，点验其所管物资而有不足数的情形,应令他和他属下的小官按各自所负责任分担。吏由于官的罪责而负欠，尚未分担而死去，以及有罪而被捕，应免去其所分担的一份。如已分担而死去，以及为官府经营手工业而负债，或放牧官有牲畜而将牲畜杀死、丢失，尚未偿还及服劳役以抵偿损失未能完成而死去，都可免除，不必责令其妻和同居者赔偿。

律文　第12条：

县、都官以七月粪公器不可繕者，有久识者靡蚩之。其金及铁器入以为铜。都官输大内，内受买（卖）之,尽七月而觱（毕）。都官远大内者输县，县受买（卖）之。粪其有物不可以须时，求先买（卖），以书时谒其状内史。凡粪其不可买（卖）而可以为薪及盖龏者，用之；毋（无）用，乃燔之。

注释：

1.粪：处理。

2.靡蚩：磨铲。

3.觱：音毕（bì），古代的一种管乐器。

4.须：等待。

5. 时谒：及时报请。

6. 翳：音医（yi），遮障。

译文　第12条：

各县、都官在七月处理已经无法修理的官有器物，器物上有标识的应加以磨除。铜器和铁器要上缴作为金属原料。都官所处理的器物应运交大内，由大内收取变卖，至七月底完毕。都官距大内路远的运交给县，由县收取变卖。处理时如有物品不能拖延时间，要求先卖，应以文书将其情况及时报告内史。所处理物品如无法变卖而可以作薪柴和盖障用的，仍应使用，无用的，始得烧毁。

律文　第13条：

传车、大车轮，葆修缮参邪，可殹（也）。书革、红器相补缮。取不可葆缮者，乃粪之。

注释：

1. 书革：生熟皮革。

2. 红：此处指织物。

译文　第13条：

传车或大车的车轮，可修理其歪斜不正处。皮革或织物制造的物品，坏了可以互相修补。已经不能修理的，始得加以处理。

律文　第14条：

受（授）衣者，夏衣以四月尽六月禀之，冬衣以九月尽十一月禀之，过时者勿禀。后计冬衣来年。囚有寒者为褐衣。为襜布一，用枲三斤。为褐以稟衣：大褐一，用枲十八斤。直（值）六十钱；中褐一，用枲十四斤，直（值）册六钱；小褐一，用枲十一斤，直（值）卅六钱。已稟衣，有余褐十以上，输大内，与计偕。都官有用□□□□其官，隶臣妾、舂城旦毋用。在咸阳者致其衣大内，在它县者。

注释：

1. 枲：音西（xi），不结果实的大麻，茎皮纤维可以用来织布。

2. 褐：用枲编制的衣服。

译文　第 14 条：

发放衣服的，夏衣从 4 月到 6 月底发给，冬衣从 9 月到 11 月底发给，过期不领的不再发给。冬衣应计在下一年账上。囚犯寒冷无衣可做褐衣。做幪布 1 条，用粗麻 3 斤。做发放用的褐衣：大褐衣 1 件，用粗麻 18 斤，值 60 钱；中褐衣 1 件，用粗麻 14 斤，值 46 钱；小褐衣 1 件，用粗麻 11 斤，值 36 钱。发放过衣服以后，剩余褐衣 10 件以上，应送交大内，与每年的账簿同时缴送。都官有用其官，隶臣妾、舂城旦不得用。在咸阳服役的，凭券向大内领衣；在其他县服役的，凭券向所在县领衣。县或大内都按照其所属机构所发的券，依法律规定发给衣服。

律文　第 15 条：

稟衣者，隶臣、府隶之毋妻者及城旦，冬人百一十钱，夏五十五钱，其小者冬七十七钱，夏册四钱；春冬人五十五钱，册四钱，其小者冬册四钱，夏卅三钱；隶臣妾之老及小不能自衣者，如春衣。亡，不仁其主及官者，衣如隶臣妾。

注释：

1. 禀：音秉（bing），承受。

2. 不仁其主：不忠实对待主人。

译文　第 15 条：

领取衣服的，隶臣、府隶中没有妻子的以及城旦，冬季每人缴 110 钱，夏季 55 钱；其中属于小的，冬季 77 钱，夏季 44 钱。春，冬季每人缴 55 钱，夏季 44 钱；其中小的，冬季 44 钱，夏季 33 钱。隶臣妾中的老、小，不能自备衣服的，按春的标准给衣。逃亡或冒犯主人，官长的臣妾，按隶臣妾的标准给衣。

汉律·二年律令·钱律

【简介】

1983 年底至 1984 年初，湖北荆州市江陵县张家山 247 号汉墓出土 1236 支竹简，其中有久佚的汉律。律令简文中，有一支简的背面，铭文载有"二年律令"四字。《二年律令》是高皇后（吕太后）二年（公元前 186 年）朝廷颁布的成文法，其中有《钱律》8 条。

比较秦律·金布律，汉律·二年律令·钱律突出以下几个特点：

（1）继承了秦律中保护朝廷铸行的不足值劣等铜钱按照名义价值流通的规定。

（2）打击毁销铜钱的行为。

（3）加大了对百姓盗铸铜钱行为的打击力度，对盗铸者和协助盗铸者都要处以死刑。

（4）协助官府捕捉盗铸钱者，免罪。

（5）继承秦律中自首从轻的刑法原则。

【正文】①

律文　第1条：

钱径十分寸八以上，虽缺铄，文章颇可智（知），而非殊折及铅钱也，皆为行钱。金不青赤者，为行金。敢择不取行钱、金者，罚金四两。

注释：

1. 十分寸八：十分之八寸。

2. 行：法定流通。

译文　第1条：

铜钱直径达到0.8寸以上者，虽有磨损，铭文可辨，而不是断碎或铅钱，就是法定流通的铜钱；金不是伪金，就是法定流通的黄金。拒绝接受法定流通的铜钱或法定流通的黄金者，罚金四两。

律文　第2条：

故毁销行钱以为铜、它物者，坐臧（赃）为盗。

注释：

1. 铜：铜材。

2. 它物：不是铜材，而是铜制的其他物品，即铜器。

译文　第2条：

---

① 张家山二四七号汉墓竹简整理小组：《张家山汉墓竹简》，文物出版2006年版，第35~36页。

故意销毁法定流通的铜钱，将其熔为铜材料或制造成其他铜器物者，要按"盗"的罪名处罚。

律文　第 3 条：

为伪金者，黥为城旦舂。

注释：

1. 黥：脸上刺字的刑罚。

2. 城旦舂：城旦指男犯，做筑城墙的劳役；舂指女犯，做舂米的劳役。

译文　第 3 条：

对伪造黄金者，处罚为脸上刺字并罚做城旦舂的劳役。

律文　第 4 条：

盗铸钱及佐者，弃市。同居不告，赎耐。正典、田典、伍人不告，罚金四两。或颇告，皆相除。尉、尉史、乡部、官、啬夫、士吏、部主者弗得，罚金四两。

注释：

1. 赎：罚款。

2. 耐：剃去鬓须的耻辱刑。

3. 同居：父母、妻子之外的，在一起生活的兄弟、兄弟之子等。

译文　第 4 条：

盗铸钱者及协助盗铸者，处以死刑。同居不向官府告发，罚款并剃去鬓须。主管官员正典和田典，或伍人连坐者不向官府告发，罚金 4 两。上述人员若向官府告发，便免除对他们的处罚。

上级相关官员，尉、尉史、乡部、官、啬夫、士吏、部主等未能及时察觉，罚金四两。

律文　第5条：

智（知）人盗铸钱，为买铜、炭，及为行其新钱，若为通之，与同罪。

注释：

1. 行：发行流通。

2. 通：通钱，使用钱。

译文　第5条：

知道某人盗铸钱，却帮助他买铜材料、炭，或将盗铸的铜钱投入市场流通者，与盗铸的人同罪，也是判处死刑。

律文　第6条：

捕盗铸钱及佐者死罪一人，予爵一级。其欲以免除罪人者，许之。捕一人，免除死罪一人，若城旦舂、鬼薪白粲二人，隶臣妾、收入、司空三人以为庶人。

注释：

1. 鬼薪：男犯为鬼薪，去山中砍柴以供宗庙祭祀。

2. 白粲：女犯为白粲，择米以供宗庙祭祀。

译文　第6条：

捕获盗铸钱者1人或捕获协助盗铸钱者1人，爵位提升1级。如果他要求免除罪人，也可以。捕获盗铸钱者1人或捕获协助盗铸钱者1人，可免除死罪1人；或免除城旦舂、鬼薪白粲2人；

或免除隶臣妾、收入司空 3 人。

律文　第 7 条：

盗铸钱及佐者，智（知）人盗铸钱，为买铜、炭、及为行其新钱，若为通之，而颇能行捕，若先自告，告其与，吏捕颇得之，除捕者罪。

注释：

1. 自告：自首。

2. 除：免除。

译文　第 7 条：

盗铸钱者、协助盗铸钱者、知道有人盗铸钱而为其购买铜材、炭者、将盗铸的钱投入市场流通者，若能协助官府去捕捉其他盗铸者或协助盗铸者，若能自首并告发同伙，并捉到同伙犯法者，即能除罪。

律文　第 8 条：

诸谋盗铸钱，颇有其器具未铸者，皆黥以为城旦舂，智（知）为买铸钱具者，与同罪。

注释：

1. 谋：计划，准备。

2. 智：知道。

译文　第 8 条：

计划盗铸铜钱，已经准备了器具，但并没有铸造者，处罚为脸上刺字并罚做城旦舂的劳役。知道某人准备盗铸铜钱，帮助该人购买铸钱器具者，同罪处罚。

三、古罗马货币经济资料

（一）年表

（1）王政时期：公元前 753 年至公元前 509 年。

（2）罗马共和国：公元前 509 年至公元前 27 年。

（3）罗马帝国第一个王朝——尤利亚·克劳狄王朝。

名称	在位时间	与前任的关系
屋大维	公元前 27 年至 14 年	
提比略	公元 14 年至 37 年	屋大维的继子、女婿
卡里古拉	公元 37 年至 41 年	提比略的侄孙
克劳狄	公元 41 年至 54 年	卡里古拉的叔叔
尼禄	公元 54 年至 68 年	克劳狄的女婿

（二）货币史大事记

年代	主要事件
公元前 753 年	始建罗马城
公元前 753 年至公元前 509 年	王政时代，意大利当地居民使用青铜称量货币，重量单位是阿斯
公元前 509 年至公元前 289 年 青铜称量货币阶段	意大利半岛上的希腊人使用德拉克马银币，埃特鲁里亚人使用努米银币，罗马人仍旧使用青铜称量货币，重量单位是阿斯

年代	主要事件
公元前 289 年至公元前 211 年 青铜数量货币——铸币阶段	罗马共和国始铸青铜铸币。国家垄断铜币的发行。在此期间，1 枚阿斯铜币的重量从初期的 327 克降至末期的 54.5 克
公元前 211 年至公元前 82 年 打制金属货币阶段	公元前 211 年，罗马共和国建立狄纳里银币制度，1 罗马磅白银打制 72 枚狄纳里银币。铜币和银币二币并行，都采用打制方式。国家继续垄断铜币的发行。在此期间，1 枚阿斯铜币的重量从初期的 54.5 克降至末期的 11 克左右。在此期间，出现打制金币，单位是奥里斯
公元前 82 年至公元前 27 年 将帅时代	出现打制金币，单位是奥里斯，1 罗马磅黄金打制 30 枚奥里斯金币
公元前 60 年至公元前 44 年 前三头同盟时期	奥里斯金币和狄纳里银币都发生了减重。奥里斯金币从 1 罗马磅黄金打制 30 枚降至打制 40 枚；狄纳里银币从 1 罗马磅白银打制 72 枚降至打制 84 枚。公元前 44 年，凯撒将自己的肖像刻印在货币上，当年被刺身亡
公元前 43 年至公元前 27 年 后三头同盟时期	安东尼、屋大维相继将自己的肖像刻印在货币上
公元前 31 年	屋大维在亚克兴海战中获胜，成为罗马唯一的独裁者，为了遣散军队而大量发行货币
公元前 27 年	屋大维建立尤利亚·克劳狄王朝
公元前 19 年	屋大维当选为终身执政官，开始统一货币的发行。此后，罗马世界各地的货币，逐步被罗马货币所替代

年代	主要事件
公元 14 年至 37 年	提比略用黄铜制造塞斯特提，1 狄纳里银币仍然兑换 4 枚黄铜的塞斯特提，兑换 16 枚青铜的阿斯
公元 37 年至 41 年	卡里古拉用黄铜制造塞斯特提，不在货币上标明"SC"（元老院批准）的字样
公元 41 年至 54 年	在克劳狄统治下，民间仿制铜币增重，政府制造金币减重
公元 64 年	罗马城大火，尼禄实行货币改制，收敛钱财，重建罗马城
公元 68 年	各地起义，尼禄自杀，尤利亚·克劳狄王朝结束

（三）专业词汇表

中文	外文	注释
斯塔特	stater	吕底亚王国货币单位，有合金币、金币、银币
德拉克马	drachma	希腊银币。2 德拉克马等于 1 斯塔特。1 德拉克马银币等于 10 阿斯铜币。24 德拉克马银币等于 1 斯塔特金币
奥波	obol	希腊银币。1 德拉克马等于 6 奥波
大流克	daric	波斯金币
西格罗斯	siglos	波斯银币。相当于两河流域的舍客勒
舍客勒	shekel	两河流域白银称量货币单位
努米	nummi	埃特鲁里亚银币
努姆斯	nummus	努米的复数形式
粗铜币	aes rude	青铜块，称量货币

中文	外文	注释
印记铜币	aes signatus	有印记的青铜块，称量货币
重铜币	aes grave	有标准形制的青铜铸币
阿斯	as	罗马铜币基本单位
都蓬第	dupondius	2 阿斯等于 1 都蓬第
塞斯特提	sestertius	2.5 阿斯等于 1 塞斯特提
塞米斯	semis	1 阿斯等于 2 塞米斯
屈莱恩	triens	1 阿斯等于 3 屈莱恩
夸德伦	quadrans	1 阿斯等于 4 夸德伦
塞克斯坦	sextans	1 阿斯等于 6 塞克斯坦
盎司	uncia	1 阿斯等于 12 盎司
狄纳里	denarius	1 狄纳里等于 10 阿斯
奥里斯	aureus	1 奥里斯等于 25 狄纳里

四、古诸国货币经济资料

1. 古埃及专业词汇

班加	beqa	12.5 克，1 班加等于 256 颗麦粒
得本	deben	90 克，1 得本等于 7.2 班加
弥那	mina	500 克，1 弥那等于 40 班加

2. 古印度专业词汇

马纳	manas	0.11 克
沙那	shana	1.375 克，1 沙那等于 12.5 马纳
萨塔马纳	satamana	11 克，1 萨塔马纳等于 100 马纳

拉蒂	ratti	0.107 克
马夏卡	mashaka	0.214 克，1 马夏卡等于 2 拉蒂
马沙	masha	0.857 克，1 马沙等于 8 拉蒂
达哈拉	dharana	3.425 克，1 达哈拉等于 32 拉蒂
苏瓦纳	suvarna	13.705 克。1 苏瓦纳等于 128 拉蒂

3. 古波斯专业词汇

大流克	daric	金币，8.33 克
舍客勒	shekel	60 舍客勒等于 1 弥那
他连得	talent	30000 克，1 他连得等于 60 弥那
色	se	0.0463 克，180 色等于 1 舍客勒

4. 古犹太专业词汇

普鲁塔	prutah	铜币，2.5 克。16 普鲁塔等于 1 银舍客勒
雷普顿	lepton	铜币，32 雷普顿等于 1 银舍客勒

5. 帕提亚专业词汇

德拉克马	drachma	银币，4.37 克
奥波	obol	银币，0.728 克。6 奥波等于 1 德拉克马
查柯	chalkous	铜币，2 克。48 查柯等于 1 德拉克马

五、石俊志货币史著述

（一）石俊志货币史著作书目

1.《半两钱制度研究》

2.《五铢钱制度研究》

3.《中国货币法制史概论》

4.《中国铜钱法制史纲要》

5.《中国货币法制史话》

6.《中国古代货币法二十讲》

7.《货币的起源》

8.《尤利亚克劳狄王朝货币简史》

9.《中国货币的起源》

10.《世界古国货币漫谈》

11.《钱币的起源》

12.《纸币的起源》

（二）石俊志货币史论文发表

1.《秦始皇与半两钱》，载《中国金币》2013年第4期，总30期。

2.《刘邦与榆荚钱》，载《中国金币》2013年第5期，总31期。

3.《吕后和"钱律"》，载《中国金币》2013年第6期，总32期。

4.《曹操恢复五铢钱》，载《中国金币》2014年第2期，总34期。

5.《唐高祖始铸开元通宝》，载《当代金融家》2014年第4期。

6.《褚遂良与捉钱令史》，载《当代金融家》2014年第5期。

7.《唐高宗治理恶钱流通》，载《当代金融家》2014年第6期。

8.《第五琦与虚钱》，载《当代金融家》2014年第7期。

9.《杨炎与钱荒》，载《当代金融家》2014年第8期。

10.《王安石废除钱禁》，载《当代金融家》2014年第9期。

11.《蔡京铸行当十钱》，载《当代金融家》2014年第10期。

12.《唐僖宗整顿钱币保管业》，载《当代金融家》2014年第

11 期。

13.《宋徽宗改交子为钱引》，载《当代金融家》2014 年第
12 期。

14.《张浚与四川钱引》，载《当代金融家》2015 年第 1 期。

15.《忽必烈发行宝钞》，载《当代金融家》2015 年第 2 期。

16.《脱脱与钱钞兼行》，载《当代金融家》2015 年第 3 期。

17.《张汤与五铢钱》，载《当代金融家》2015 年第 4 期。

18.《颜异反对发行白鹿皮币》，载《当代金融家》2015 年第
5 期。

19.《王莽的货币改制》，载《当代金融家》2015 年第 6 期。

20.《董卓败坏五铢钱》，载《当代金融家》2015 年第 7 期。

21.《刘备与虚币大钱》，载《当代金融家》2015 年第 8 期。

22.《刘义恭与四铢钱》，载《当代金融家》2015 年第 9 期。

23.《中国古代八大敛臣·杨炎（上）》，载《当代金融家》
2015 年第 10 期。

24.《中国古代八大敛臣·杨炎（下）》，载《当代金融家》
2015 年第 11 期。

25.《中国古代八大敛臣·张汤（上）》，载《当代金融家》
2015 年第 12 期。

26.《中国古代八大敛臣·张汤（下）》，载《当代金融家》
2016 年第 1 期。

27.《中国古代八大敛臣·第五琦（上）》，载《当代金融家》
2016 年第 2 期、第 3 期。

28.《中国古代八大敛臣·第五琦（下）》，载《当代金融家》

2016 年第 4 期。

29.《中国古代八大敛臣·阿合马（上）》，载《当代金融家》2016 年第 5 期。

30.《中国古代八大敛臣·阿合马（下）》，载《当代金融家》2016 年第 6 期。

31.《中国古代八大敛臣·刘晏（上）》，载《当代金融家》2016 年第 7 期。

32.《中国古代八大敛臣·刘晏（下）》，载《当代金融家》2016 年第 8 期。

33.《中国古代八大敛臣·贾似道（上）》，载《当代金融家》2016 年第 9 期。

34.《中国古代八大敛臣·贾似道（下）》，载《当代金融家》2016 年第 10 期。

35.《中国古代八大敛臣·蔡京（上）》，载《当代金融家》2016 年第 11 期。

36.《中国古代八大敛臣·蔡京（下）》，载《当代金融家》2016 年第 12 期。

37.《中国古代八大敛臣·脱脱（上）》，载《当代金融家》2017 年第 1 期。

38.《中国古代八大敛臣·脱脱（下）》，载《当代金融家》2017 年第 2 期。

39.《百姓市用钱，美恶杂之，勿敢异》，载《当代金融家》2017 年第 3 期。

40.《布恶，其广袤不如式者，不行》，载《当代金融家》

2017 年第 4 期。

41.《黄金以溢名，为上币》，载《当代金融家》2017 年第 5 期。

42.《盗铸钱与佐者，弃市》，载《当代金融家》2017 年第 6 期。

43.《故毁销行钱以为铜 . 它物者，坐臧为盗》，载《当代金融家》2017 年第 7 期。

44.《敢择不取行钱 . 金者，罚金四两》，载《当代金融家》2017 年第 8 期。

45.《各以其二千石官治所县金平贾予钱》，载《当代金融家》2017 年第 9 期。

46.《禁天下铸铜器》，载《当代金融家》2017 年第 10 期。

47.《私贮见钱，并不得过五千贯》，载《当代金融家》2017 年第 11 期。

48.《禁铜钱无出化外》，载《当代金融家》2017 年第 12 期。

49.《私有铜 . 鍮石等，在法自许人告》，载《当代金融家》2018 年第 1 期。

50.《贯钞兼行，无他物以相杂》，载《当代金融家》2018 年第 2 期、第 3 期。

51.《金银之属谓之宝，钱帛之属谓之货》，载《当代金融家》2018 年第 4 期。

52.《西汉赐予悉用黄金，而近代为难得之货》，载《当代金融家》2018 年第 5 期。

53.《兵丁之领钞者难于易钱市物》，载《当代金融家》2018 年第 6 期。

54.《取息过律，会赦，免》，载《当代金融家》2018 年第 7 期。

55.《百姓有责，勿敢擅强质》，载《当代金融家》2018 年第 8 期。

56.《制钱者，国朝钱也》，载《当代金融家》2018 年第 9 期。

57.《驰用银之禁》，载《当代金融家》2018 年第 10 期。

58.《思划一币制，与东西洋各国相抗衡》，载《当代金融家》2018 年第 11 期。

59.《由是钱有虚实之名》，载《当代金融家》2018 年第 12 期。

60.《罢五铢钱，使百姓以谷帛为市》，载《当代金融家》2019 年第 1 期。

61.《复置公廨本钱，以诸司令史主之》，载《当代金融家》2019 年第 2 期、第 3 期。

62.《大钱当两，以防剪凿》，载《当代金融家》2019 年第 4 期。

63.《哈斯蒙尼王朝的普鲁塔》，载《当代金融家》2019 年第 5 期。

64.《波斯帝国的重量制度》，载《当代金融家》2019 年第 6 期。

65.《乌尔第三王朝的白银货币》，载《当代金融家》2019 年第 7 期。

66.《古巴比伦王国的乌得图》，载《当代金融家》2019 年第 8 期。

67.《埃什嫩那王国的大麦货币》，载《当代金融家》2019 年第 9 期。

68.《赫梯法典中的玻鲁舍客勒》，载《当代金融家》2019 年第 10 期。

69.《古代亚述的黑铅货币》，载《当代金融家》2019 年第

11 期。

70.《吕底亚王国的琥珀金币》，载《当代金融家》2019 年第 12 期。

71.《克里特岛上的斯塔特银币》，载《当代金融家》2020 年第 1 期。

72.《尼禄的货币改制》，载《当代金融家》2020 年第 2 期、第 3 期。

73.《罗马元老院批准制造的铜币》，载《当代金融家》2020 年第 4 期。

74.《安东尼发行的蛇篮币》，载《当代金融家》2020 年第 5 期。

75.《帕提亚王国的希腊化钱币》，载《当代金融家》2020 年第 6 期。

76.《塞琉古王国银币的减重》，载《当代金融家》2020 年第 7 期。

77.《古希腊的德拉克马银币》，载《当代金融家》2020 年第 8 期。

78.《提比略钱币上的戳记》，载《当代金融家》2020 年第 9 期。

79.《凯撒时代的货币状况》，载《当代金融家》2020 年第 10 期。

80.《古埃及的重量单位和钱币流通》，载《当代金融家》2020 年第 11 期。

（三）石俊志主编外国货币史译丛书目

1. ［英］伊恩·卡拉代斯著：《古希腊货币史》，黄希韦译。

2. ［英］迈克尔·H. 克劳福德著：《罗马共和国货币史》，张林译。

3. ［英］R.A.G. 卡森著：《罗马帝国货币史》，田圆译。

4. ［丹］艾瑞克·克里斯蒂安森著：《罗马统治时期埃及货币史》，汤素娜译。

5. ［英］菲利普·格里尔森著：《拜占庭货币史》，武宝成译。

6. ［英］德里克·冯·艾伦著：《古凯尔特人货币史》，张玲玉译。

7. ［印］P. L. 笈多著：《印度货币史》，石俊志译。

8. ［斯里兰卡］P. 普什巴哈特纳姆著：《斯里兰卡泰米尔人货币史》，张生、付瑶译。

9. ［美］鲁迪·马特、威廉·富勒、帕特里克·克劳森著：《伊朗货币史》，武宝成译。

10. ［以］雅可夫·梅塞尔著：《古犹太货币史》，张红地译。

11. ［英］A. W. 汉兹牧师著：《希腊统治时期南意大利货币史》，黄希韦译。

12. ［印］P. L. 笈多、S. 库拉什雷什塔著：《贵霜王朝货币史》，张子扬译，张雪峰校。

13. ［英］大卫·赛尔伍德、飞利浦·惠廷、理查德·威廉姆斯著：《萨珊王朝货币史》，付瑶译。

14. ［西］奥克塔维奥·吉尔·法雷斯著：《西班牙货币史》，宋海译。

15. ［意］米歇勒·弗拉迪阿尼、弗兰克·斯宾里尼著：《意大利货币史》，康以同译。

16. ［韩］韩国银行著：《韩国货币史》，李思萌、马达译。

17. ［英］罗伯特泰耶著《世界古代货币与重量标准》，徐丽丽译。

18. ［俄］B. 杜利耶夫著：《俄罗斯货币史》，丛凤玲译。

19. ［美］阿尔伯特·普拉迪奥著：《墨西哥货币史》，康以同译。

20. ［英］大卫·赛尔伍德著：《帕提亚货币史》，武宝成译。